SPHINX

Richard Alan Miller

Liebestrank und Ritual

Aphrodisiaka und die Kunst des Liebens

SPHINX

Aus dem Amerikanischen
von Franchita Cattani

CIP-Titelaufnahme der Deutschen Bibliothek
Miller, Richard Alan:
Liebestrank und Ritual: Aphrodisiaka und die Kunst des Liebens/
Richard Alan Miller.
Aus d. Amerikan. von Franchita Cattani. –
Basel: Sphinx, 1988
Einheitssacht.: The magical and ritual use of aphrodisiacs ‹dt.›
ISBN 3-85914-179-1

1988

Originaltitel: The Magical and Ritual Use of Aphrodisiacs
Erschienen bei Destiny Books, New York

Zeichnungen: Connie Nygard
Umschlagillustration: Wolfgang Hutter
Gestaltung: Charles Huguenin
Satz: Sauerländer AG, Aarau
Herstellung: Spiegel Buch, Ulm
Printed in Germany
ISBN 3-85914-179-1
Bestellnummer 15 00179

Für Iona, meine Frau

Inhalt

«Ich werde dich einen Liebestrank lehren
ohne Arznei, ohne Kräuter, ohne Hexenbeschwörung.
Es ist dies: willst du geliebt werden,
dann mußt du zuerst lieben.»
Mittelalterliche Folklore

Einführung

Die Suche nach einem echten Aphrodisiakum – sei es ein Trank, eine Pille oder Speise, die besseren Sex oder stärkere Orgasmen verspricht – ist so alt wie Mann und Frau, ja sogar der Sex selbst. Im Lauf der Geschichte haben Menschen immer wieder verschiedene Mittel erprobt, um das Liebesleben zu fördern, auch wenn es fraglich ist, ob diese Mittel bewirkten, was sie versprachen.

Einige der ersten bekannten eßbaren Aphrodisiaka fanden deshalb Verbreitung, weil man annahm, den Geschlechtsorganen ähnliche Dinge zu essen, steigere die sexuelle Potenz. Nach einem Werk von Culpeper aus dem 17. Jh. war dies als *Doktrin der Signaturen* bekannt; darunter fielen Speisen wie Muscheln, Austern, Eier, Spargeln, Bananen und das Horn des Rhinozeros.

Da in der Sexualität vieles psychologisch begründet ist, fühlten sich die Menschen nicht unbedingt betrogen, denn auch der Gedanke, ein *Aphrodisiakum* eingenommen zu haben, kann zu einem Placebo-Effekt führen. Da wir den Menschen heute jedoch als biochemisches Geschöpf sehen, ist das Bedürfnis entstanden, unser Verständnis des Wortes Aphrodisiakum auf einen heutigen Stand zu bringen. Interessanterweise stellt man fest, daß trotz der vermehrten sexuellen Möglichkeiten unserer Zeit die Suche nach dem *einen* vollkommenen Sexualstimulans nicht nachgelassen hat.

Das Wort Aphrodisiakum stammt von Aphrodite ab, der griechischen Göttin der Liebe und Schönheit. Sie ist nicht nur Fruchtbarkeitsgöttin im üblichen Sinne, sondern auch Göttin der fruchtbaren Phantasie. Anstelle einer Definition sind hier Wirkungen aufgeführt, von denen ein Aphrodisiakum mindestens eine erzielen sollte:

1. Beim Mann Erektionen hervorrufen,
2. sexuelle Empfindungen durch Stimulierung der Geschlechtsorgane oder des Nervensystems wecken,
3. die sexuelle Bewußtheit steigern,
4. Hemmungen lösen,
5. die körperliche Energie steigern,
6. die Gonaden oder anderen Drüsen stärken, die am Sex mitbeteiligt sind,
7. das sexuelle Wohlbefinden verbessern
8. die Samenbildung fördern
9. Impotenz und Frigidität bekämpfen helfen
10. sexuelle Erschöpfung überwinden, oder
11. vorzeitige Ejakulation verhindern.

Jene *Liebesspeisen*, die tatsächlich wirksam sind, lassen sich zur Hauptsache in zwei Kategorien unterteilen: in biochemische Aphrodisiaka, die eine direkte Wirkung auf die sexuelle Aktivität haben, und in die wichtigere psychophysische Gruppe. Die psychophysische Gruppe von Speisen ist keinesfalls weniger wirkungsvoll, sondern verdankt ihre Kraft zum Teil dem uralten Glauben des Menschen an die therapeutische Wirkung des Ähnlichen. Dieser Auffassung zufolge versahen die Götter jede Pflanze mit einem Merkmal, das anzeigen sollte, für welchen Zweck sie erschaffen worden war.

Das wichtigste Geschlechtsorgan des Menschen ist sein Geist. Es gibt keine körperliche und geistige Erfahrung, keine Empfindung als Ganzes, die ekstatischer und glückseliger wäre als eine ideale und vollkommene sexuelle Vereinigung zweier liebender Partner. Es gibt keine schlimmeren Anaphrodisiaka, d.h. Dämpfer und nichts Sexfeindlicheres als Unwissenheit oder Angst oder Befürchtungen im Hinblick darauf, wie gut oder erfolgreich man beim sexuellen Akt sein wird. Das beste Sextonikum wird dann wirksam, wenn die physische und psychische Persönlichkeit ausgeglichen ist und der Körper spontan aus der Tiefe des Gefühls reagieren kann. Gewöhnlich schreibt man dem Sex die beiden Funktionen der Zeugung und Entspannung zu. Aber Sex beinhaltet viel mehr als die begrenzte Ekstase des Orgasmus oder Befriedigung durch die Artvermehrung. Ein Orgasmus ist leicht durch Masturbation zu erreichen, und Zeugung durch künstliche Befruchtung. Sex ist nicht bloß Lust, auch wenn Lust Sex ist. Er reicht über die beiden Hauptfunktionen des Tieres hinaus bis in den Bereich des Kulturellen und Spirituellen. Mit rituellen Übungen verbunden, kann Sex den Fortschritt zu kultureller Verfeinerung und geistiger Gesundheit beschleunigen.

Jeder Akt, der einen Menschen beruhigt und befriedigt, ohne später in eine nachteilige Reaktion umzuschlagen, jeder Akt, der Gefühle der Liebe, Rücksichtnahme und Fürsorge fördert, ist ein Fortschritt auf dem Weg zu Kultur und Spiritualität. Daher ist die richtige Erfüllung eines gesunden sexuellen Bedürfnisses – von einer neutralen, wissenschaftlichen Perspektive aus gesehen – nicht nur mit höheren sozialen, kulturellen und spirituellen Zielen vereinbar, sondern stellt sogar einen Weg zu diesen dar.

Die Natur hat die Frau mit einer äußerst geeigneten Einrichtung ausgestattet, die Täuschung in der sexuellen Vereinigung ermöglicht. In dieser Hinsicht hat die Natur die Männer arg im Stich gelassen, denn wenn ein Mann eine Frau haßt, wird er meistens keiner Erektion fähig sein – der wichtigsten Voraussetzung für den Vollzug des Geschlechtsverkehrs. Tragischer ist es, wenn ein Mann sich wirklich zu einer Frau hingezogen fühlt, aber aus Angst und Aufgeregtheit unfähig ist, zu einer Erektion zu kommen.

Die wichtigsten Störungen, die Männer heimsuchen – fehlende Erektion, vorzeitiger Samenerguß, fehlender Samenerguß im Orgasmus, oder fehlender Orgasmus überhaupt – sind in den meisten

Fällen psychologischen Ursprungs, genau wie Frigidität und Angst vor dem Koitus bei Frauen. Regelmäßige rituelle Übungen helfen nicht nur, die neuromuskuläre Struktur der betreffenden Organe zu stärken, sondern verhelfen auch zu einem beständigen, sich stetig erneuernden Geist.

Wenn geschlechtliche Anforderungen die körperlichen Möglichkeiten durch übermäßig häufigen und intensiven Sex überbeanspruchen, muß Energie aufgetankt werden. Das sind Fälle, in denen «der Geist willig, aber das Fleisch schwach» ist. Substanzen, die den Geschlechtstrieb anregen und intensivieren, auch wenn jemand wenig Energie hat, nennt man Aphrodisiaka. Eine Frau braucht etwa viermal länger als der Mann, bis sie vollends stimuliert ist und Sex geniessen kann. Der rituelle Gebrauch von Aphrodisiaka zügelt die Eile des Mannes und verleiht ihm die Geduld, so lange zu warten, bis das Verlangen der Frau dem seinen gleichkommt. Das bringt beiden mehr und größere Lust.

Eine gründliche Kenntnis der chemischen Eigenschaften und besonderen Wirkungen der verschiedenen Aphrodisiaka verhindert Enttäuschung sowie Geld- und Energieverschleiß. In den letzten Jahren haben verschiedene Unternehmen Aphrodisiaka mit «garantierter Wirkung» zu unverschämten Preisen auf den Markt gebracht. Einige dieser Versprechen sind angesichts der folgenden Tatsachen schlichte Übertreibungen:

1 Impotenz, Frigidität und vorzeitige Ejakulation haben gewöhnlich krankhafte Ursachen.
2 Wenn körperliche Schwäche die Erektion, Potenz, Ausdauer oder den Genuß störend beeinflußt, dann ist dieses Problem gewöhnlich am ehesten durch bessere Ernährung, ausreichende Ruhe, Verminderung der Anspannung oder angemessene Übungen zu überwinden.
3 Obschon einige der in diesem Buch behandelten Stoffe, etwa Ginseng und Fo-ti-tieng, der Gesundheit zuträglich sind und regelmäßig eingenommen werden können, sind viele andere

starke Drogen, die bei Gelegenheit wertvoll sein können, aber nicht bis zur Abhängigkeit eingenommen werden sollten.

Ziel dieses Buches ist es, festzuhalten, was diese aphrodisischen Substanzen sind, wo man sie findet, wie sie aussehen, ihre besondere Geschichte aufzuzeichnen und eine vollständige chemische Beschreibung und Zubereitungsanleitung zu geben; außerdem schlägt es zeitgemäße rituelle Anwendungen vor, um ihre chemischen Eigenschaften auf bessere Weise in einer zeitgenössischen Verwendungsart zu nutzen.

Ich hoffe, dem Leser auf diesen Seiten zu vermitteln, wie er die beschriebenen Aphrodisiaka am besten gebrauchen – und nicht mißbrauchen – kann.

Ich verschreibe dem Leser keine dieser Substanzen, weder rechtmäßig noch auf andere Weise. Deshalb kann ich für etwaige Mißgeschicke oder ein Versagen, das durch den Gebrauch oder Mißbrauch irgendeines dieser Stoffe oder der zur Verfügung gestellten Information entsteht, nicht zur Verantwortung gezogen werden.

Erster Teil

In solcher Nacht
Las einst Medea jene Zauberkräuter,
Den Äson zu verjüngen.

Shakespeare
Der Kaufmann von Venedig

Unterstützt die Erektion beim Geschlechtsakt und verzögert den Orgasmus

Alstonia

Familie

Apocynaceae (Hundsgiftgewächse).

Botanischer Name

Alstonia scholaris.

Synomyme

Dita, Schulholzbaum, Weißquirlbaum, chhatim (Indien).

Geographische Vorkommen

Ostasien, Indien und die Philippinen.

Standorte

Tropische Regenwälder in Indien, Ceylon und Borneo.

Botanische Beschreibung

Der Ditabaum wächst 15 bis 25 Meter hoch und hat einen furchigen Stamm. Als Mitglied der Hundsgiftgewächse hat er längliche, gestielte Blätter, die bis zu 15 cm lang und 10 cm breit werden. Die Blattoberseite ist glatt und glänzend, die Unterseite ist weiß, mit Adern, die im rechten Winkel zur Mittelrippe verlaufen. Die Rinde ist geruchlos und sehr bitter im Geschmack; sie ist bräunlich-grau mit schwärzlichen Tupfen auf der Außenseite. Der Ditabaum hat weiße, trichterförmige Blüten.

Geschichte

Die Rinde läßt sich in Schichten vom Baum ablösen, die von asiatischen Gelehrten lange Zeit als eine Art Pergament zum Schreiben verwendet wurden. Dieser Gebrauch war es, die zum lateinischen Eigennamen *scholaris* geführt hat. Die Rinde wird auch seit Urzeiten in der asiatischen Volksmedizin verwendet. Der aus der Rinde gebraute Tee ist seit langem ein wirkungsvolles Hausmittel, um Krämpfe bei Menstruationsbeschwerden zu lindern. Die heutige homöopathische Praxis wendet den aus der Rinde und den Samen zubereiteten Tee zur Behandlung chronischen Durchfalls und der Ruhr an. Die Rinde hat jedoch keine aphrodisischen Eigenschaften.

Chemische Beschaffenheit

Die Rinde enthält drei Alkaloide, nämlich Ditamin, Echitamin (Ditain) und Echiteine. Es sind auch mehrere Fett- und Harzstoffe vorhanden. Beide Basen haben ammoniakartige chemische Eigenschaften. Die Samen enthalten ein wirksames Alkaloid, das Chlorogenin ($C_{21}H_{20}N_2O_4$), das heute als der hauptsächliche aphrodisische Wirkstoff betrachtet wird. Chlorogensäure ist wahrscheinlich nicht ein Aphrodisiakum, wie man zuerst annahm, sondern eher als allgemeines Allergen wirksam. Es ist in vielen Pflanzen vorhanden und findet sich konzentriert in der Kaffeebohne und dem Rizinussamen.

Reserpin ist auch in einer Variante des Ditabaumes, der *Alstonia constricta,* nachgewiesen worden. Reserpin und andere *Rauwolfia*-Alkaloide wirken auf das sympathische Nervensystem, indem sie die Neurotransmitter-Substanz Norepinephrin ausschütten. Die darauf folgende Neuralarretierung führt zu einem Serotoninüberschuß.

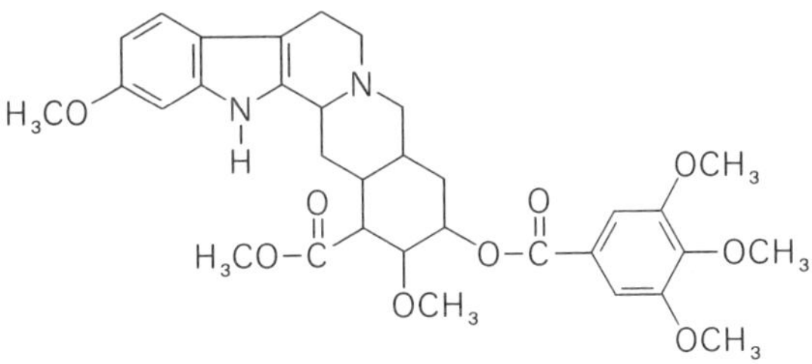

Alstonia: Reserpin

Hauptsächliche Wirkungen

Die Chlorogensäure bewirkt eine leichte Reizung der Genitalien und weckt die Sexualenergie in Form eines prickelnden Gefühls im Urogenitaltrakt. Sie bewirkt außerdem eine anhaltende Erektion und verzögert den Orgasmus, da sie als allgemeines Stärkungs- und leichtes Stimulierungsmittel auf die Nerven und den Kreislauf wirkt.

Zubereitung

Zuerst zwei Gramm Samen zerstampfen und in zwei Unzen (½ l) Wasser über Nacht einweichen. Am nächsten Tag siebt und trinkt man die Flüssigkeit. Die genaue Dosis ist sowohl aufgrund der alkalischen Wirksamkeit der jeweiligen Samenmenge als auch der individuellen Arzneitoleranz zu bestimmen.

Rituelle Anwendung

Der Same des Ditabaumes wurde im *tantrischen* Indien erstmals als Aphrodisiakum verwendet. Die Einnahme des Mittels wurde von einer Übung begleitet, die durch Kontrolle bestimmter Genitalmuskeln zu einer anhaltenden Erektion führte und den Orgasmus verzögerte.

Es ist eine ausgezeichnete Übung zur Verbesserung der Spannkraft der Genitalmuskeln, die gleichzeitig unter willentliche Kontrolle gebracht werden. Man kann diese Übung in jeder Stellung und überall ausführen. Sie ist deshalb so schätzenswert, weil sie nicht nur die Vorsteherdrüse beim Mann massiert, sondern bei der Frau zu einer besseren Beherrschung der Genitalmuskeln führt. Diese uralte tantrische Übung stärkt den Pubococcygeus-Muskel, der vom Schambein vorne am Becken bis hinten zum Steißbein führt.

Dieser Muskel arbeitet wie ein Kreisventil; es ist dieser Muskel, der die drei Öffnungen am unteren Rumpfende öffnet und schließt. Diese Öffnungen kann man nicht einzeln über unabhängige Muskeln kontrollieren, aber man kann durch Üben so weit kommen, daß man seine Aufmerksamkeit hauptsächlich auf eine der Öffnungen richtet. In dieser Weise kann man die willentliche Beherrschung des Muskels erlangen und ihn durch die folgende tägliche Übung geschmeidiger machen.

1 Entspanne dich wie zum Urinieren, dann aber ziehe den Muskel fest zusammen, wie um den Fluß zu unterbrechen.
2 Den Urin wie gewöhnlich fließen lassen, dann den Muskel zusammenziehen, um den Fluß zu unterbrechen.
3 Den dabei verwendeten Muskel beobachten.
4 Den Muskel eine oder zwei Sekunden lang anspannen, dann loslassen.
5 Wiederholen.

In vielen Kulturen wird diese Übung vom weiblichen Partner angewendet, um den Vaginalorgasmus anzuregen und die Sinnenfreude ihres Partners zu erhöhen.

Anmerkung zur Vorsicht

Chlorogensäure ist ein allgemeines Allergen und übt eine Reizung auf Blase und Genitalien aus.

In Ceylon wird das helle Holz des Baumes für Särge verwendet.

Hebt die Stimmung für die Ausübung von Asanas (Yoga-Stellungen)

Betelnuß

Familie

Palmae (Palmen).

Botanischer Name

Areca catechu.

Synonyme

Arekapalme, Katechupalme; pinang, siri, suprari (Hindu), ping lang (China).

Geographische Vorkommen

Indien, Malakka und Polynesien.

Standorte

Wächst überall auf den südpazifischen Inseln.

Botanische Beschreibung

Ein schlankwüchsiger Baum, der bis zu 25 m hoch wird. Der Stamm ist beringt und wird gewöhnlich an Stangen oder Gittern an heißen, schattigen Standorten hochgezogen. Die zusammengesetzten, vielfach zerteilten Fiederblätter werden bis 1 m breit.

Geschichte

In den 30er Jahren sollen einer Schätzung zufolge mindestens 20 Millionen Menschen allein in Indien Betelnuß gekaut haben. Jede Betelpalme trägt ungefähr 250 Samen oder Nüsse im Jahr, und Millionen dieser Bäume werden angebaut. Es ist eine der verbreitetsten Pflanzen der Erde, deren Blatt man zum Tabakrollen benutzt. Die regelmäßige Verwendung der Betelnuß färbt mit der Zeit Mund, Zahnfleisch und Zähne tiefrot. In Asien sind die Betelnußkauer jedoch auf diese Verfärbung recht stolz.

Die malaiische Verwendungsart der Betelnuß besteht in einer Mischung der zerstampften oder pulverisierten Nuß mit etwas Katschuharz der malaiischen Akazie *acacia catechu,* einer Prise gelöschten Kalks sowie einem Quentchen Muskatnuß, Kardamom oder Gelbwurz für den Geschmack. Diese Masse wird dann in ein Betelpfefferblatt *(piper chavica betel)* gerollt. Die Röllchen werden auf Straßen oder Märkten als Betelbissen verkauft.

Chemische Beschaffenheit

Das flüchtige Arecolinöl wird durch den Speichel und den Kalk (Kalziumoxid) aus der Nuß freigesetzt. Das Betelblatt enthält Chavicol, Allylpyrokatechin, Chavibetol und Cadinen. Arecolin gehört zur selben Cholin- Alkaloidgruppe wie Muscarin, das man im Fliegenpilz *Amanita muscaria* findet.

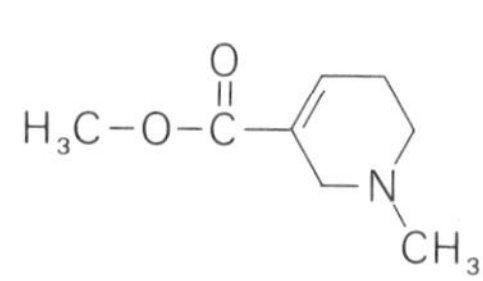

Betelnuß: Arecolin

Hauptsächliche Wirkungen

Arecolin ist ein milder Stimulans des Zentralnervensystems (ZNS). Es beschleunigt die Atmung, während es die Arbeit des Herzens verringert.

Zubereitung

Ein halbes Gramm gelöschten Kalk (hydrathaltiges Kalziumoxid) mit einer Betelnuß, vorzugsweise in halb pulverisierter Form, vermischen. Das Ganze etwa zwei Stunden lang wie Priem seitlich in den Mund nehmen. Ab und zu den Speichel ausspucken.

Rituelle Anwendung

Die stimulierende Wirkung auf das ZNS scheint die Zeit schneller vergehen zu lassen. Sie unterstützt Meditationsperioden in Yoga-Stellungen oder das Erlernen der Körperbeherrschung. Die Fähigkeit der Körperbeherrschung ist für die Durchführung tantrischer Sexualmagie-Rituale Voraussetzung (ebenso die Beherrschung der Gedanken). Diese Art der Kontrolle nennt man Asana oder *Sitz*.

Mit einem leichten Stimulans kann man länger in einer schwierigen Stellung verharren, und die Zeit scheint eher zu fliegen als sich dahinzuschleppen. Folgende Übungen werden zur Entwicklung der Körperbeherrschung in den Asanas verwendet. Dabei solltest du keine einengenden Kleidungsstücke tragen. Lerne über eine lange Zeit mit allen Muskeln angespannt vollkommen still zu sitzen.

1 *Der Gott*

Setze dich auf einen Stuhl, mit erhobenem Kopf, geradem Rükken, geschlossenen Knien, den Händen auf den Knien und geschlossenen Augen.

2 *Der Drachen*

Laß dich nieder auf Knie und Zehenspitzen, die Hinterbacken auf den Fersen, Rücken und Kopf gerade, die Hände auf den Schenkeln.

3 *Der Ibis*

Stehe mit dem linken Fußgelenk in der rechten Hand und dem freien Zeigefinger auf den Lippen.

4 *Der Blitzschlag*
Sitze so, daß die linke Ferse auf den Anus drückt; der rechte Fuß steht auf den Zehen, die Ferse bedeckt den Phallus; die Arme sind über die Knie hinaus ausgestreckt; Kopf und Rücken sind gerade.

Verschiedenes wird in dir ablaufen, während du diese Stellungen übst. Es sollte sorgfältig analysiert und in einem Tagebuch festgehalten werden. Halte die Dauer jeder Übung fest. Ebenso die Heftigkeit der Schmerzen (falls solche auftreten) und das Ausmaß der erlangten Bewegungslosigkeit, mit jeder dabei auftretenden Empfindung.

Wenn du an dem Punkt angelangt bist, an dem du dich in diesen Übungen sicher fühlst, stellst du eine Untertasse voller Wasser auf deinen Kopf. Mit der Zeit solltest du die Untertasse mindestens eine Stunde lang (in sitzender Stellung) auf dem Kopf halten können, während du diese Übungen durchführst.

Anmerkung zur Vorsicht

Übermäßige Arecolinmengen, entweder durch zu häufige Verwendung oder durch das Kauen unreifer Betelnüsse (die größere Quantitäten des Öls enthalten) eingenommen, können Rauschzustände, Schwindel und Durchfall zur Folge haben. Eine länger andauernde Anwendung kann auch die Zähne und Gewebe der Mundhöhle schädigen.

Die Betelnuß wird eher deshalb als Aphrodisiakum betrachtet, weil sie die vorhandene Energie stimuliert und die Stimmung hebt, als daß sie eine direkte Wirkung auf die Geschlechtsorgane hätte. Sie wird heutzutage in den Vereinigten Staaten und Europa wie Kaffee (gekocht) oder Zigaretten (zum Rauchen) verwendet.

Das psychische Aphrodisiakum

Damiana

Familie

Turneraceae (Safranmalvengewächse).

Botanischer Name

Turnera diffusa L.

Synonyme

Keine.

Geographische Vorkommen

In tropischen Gegenden Nordamerikas, vor allem in Texas und Mexiko. Sie wurde auch in Afrika geerntet.

Standorte

In den meisten Wüsten mit trockenem Boden und praller Sonneneinstrahlung.

Botanische Beschreibung

Damiana ist ein kleiner Busch mit eiförmigen Blättern, die gegen die Spitze hin breiter werden. Die Blattoberseite ist glatt und hellgrün, die Unterseite, mit Ausnahme einiger weniger Härchen auf den Rippen, glatt. Die gelben Blüten wachsen einzeln aus den Blattachseln, gefolgt von einzelligen, dreiklappigen Kapseln. Die Blüte hat einen würzigen Duft und schmeckt bitter.

Geschichte

Damiana ist jahrhundertelang von mexikanischen Frauen verwendet worden. Sie stellten fest, daß eine Tasse Damianatee eine oder zwei Stunden vor dem Geschlechtsverkehr ihnen half, sich dem Geschlechtsakt hinzugeben. Man nahm an, es habe eine tonische Wirkung auf die Sexualorgane und das Nervensystem.

In seinem Buch *A Manual of Sex Magick* beschreibt Louis J. Culling einen Trank, der wie ein psychisches Aphrodisiakum wirkt und aus getrockneten Damianablättern in siedendem Wasser bereitet wird. Bei mehrwöchiger, ununterbrochener Anwendung würden sich bemerkenswerte Auswirkungen einstellen. In meinem Buch *The Magical and Ritual Use of Herbs* ist ein ausgezeichnetes Rezept zur Herstellung eines aphrodisischen Likörs aus Damiana und Wodka zu finden. Beide sind in westlichen Formen des Tantra und in der Sexualmagie verwendet worden.

Chemische Beschaffenheit

Die Blätter des Damianastrauchs enthalten 0,2 bis 0,9 % flüchtige Öle, 14 % Harz, ungefähr 3,5 % Gerbsäure, 6 % Stärke und einen Bitterstoff namens Damianin.

Hauptsächliche Wirkungen

Das flüchtige Öl bewirkt eine leichte Reizung und kann zu Peristaltik und einer leichten Stimulierung des Urogenitaltrakts während der Ausscheidung führen. Wegen seiner Reizwirkung auf den Urogenitaltrakt kann man es als Hilfe verwenden, den Körper von bereits vorhandenen Krankheiten der Harnröhre zu befreien. Es ist diese leichte, anregend wirkende Reizung, die seine schwach aphrodisische Wirkung ausmacht.

Außerdem hat es einen psychischen Einfluß, indem es eine

Euphorie bewirkt, ganz ähnlich wie bei Marihuana, die bis zu eineinhalb Stunden andauern kann.

Zubereitung

Um einen Tee zuzubereiten nehme man 2 gehäufte Eßlöffel getrockneter Damianablätter, die man knapp 5 Minuten in (1 Tasse) siedendes Wasser gibt. Als Schnaps ergibt die Mischung von Damiana mit Wodka (1 Unze [28 g] Blätter 5 Tage lang in ½ l Wodka eingelegt) ein ausgezeichnetes psychisches Aphrodisiakum, das Hemmungen löst. Er hat einen bitteren, aber würzigen Geschmack, und wird seit Jahren als mildes Abführmittel verwendet.

Die folgende, unter dem Namen *Yuba Gold* bekannte Mischung sollte man in der Wasserpfeife rauchen; sie führt zu einem ähnlichen *High* wie Marihuana.

4 Teile Damiana-Blätter
4 Teile Helmkraut
½ Teil Lobelienkraut
4 Teile Passionsblumenkraut
1 Teil grüne Minzeblätter

Rituelle Anwendung

Westliche Formen des Tantra schließen eine Reihe von sexualmagischen Ritualen ein, die das Individuum zur Selbstvergegenwärtigung führen sollen. Das wichtigste Ziel der westlichen Magie ist, das «Wissen und die Sprache des heiligen Schutzengels» oder Daimons zu erlangen, nämlich die eigene spirituelle Identität. Das bedeutet, daß man dem Bewußtsein seiner eigenen wirklichen Individualität, im Gegensatz zur aktiven bewußten Persönlichkeit, näher kommt.

So wird es zum Ziel des Aspiranten westlicher Tantraformen, so oft als möglich die eigene wahre Individualität zu sein und auszudrücken, anstatt von der Persönlichkeit überschwemmt zu werden. Daher besteht die erste Übung des Neophyten (Anfängers) darin, den Kontakt mit dem Unterbewußtsein herzustellen.

Indem wir unsere Aufmerksamkeit darauf richten, unsere Träume zu erinnern, lernen wir unser inneres Selbst kennen und können uns damit ein klareres Bild unserer individuellen Identität machen. Wir lernen uns – spirituell gesehen – als Menschen kennen, die aus einander widersprechenden bewußten und unbewußten Wünschen und Begierden zusammengesetzt sind. Sich beider Seiten bewußt zu werden führt über die Verschmelzung der Ziele beider Ausrichtungen zu größerer persönlicher Freiheit und Harmonie.

Zum Zeitpunkt der Aufzeichnung des Traumes wird kein Versuch unternommen, dessen Sinn zu deuten. Oft schält sich jedoch über einen zweimonatigen Zeitraum ein Symbolkode oder -schlüssel heraus, der die inneren Prozesse beleuchtet. Eine persönliche Bedeutung tritt zutage, wenn man diesen inneren Prozessen Aufmerksamkeit schenkt. Träume spiegeln innerpsychische Veränderungen wider. Indem man sie beachtet, erinnert und aufzeichnet, beginnen Bewußtsein und Unterbewußtsein in einem *Grenzbewußtsein* zu verschmelzen, welches die individuelle Ganzheit spiegelt. Dieses nennt man die «magische Identität».

Das bewußte Ego lernt, mit dem phantasievollen Unterbewußten zusammenzuarbeiten. Die Fähigkeit, sich in der Nähe eines Grenzzustandes (weder wach, noch im Tiefschlaf) zu bewegen, ist so wichtig, daß sie wohl mehr als die Hälfte der magischen Technik ausmacht. Dank ihr soll die Vorstellung als subjektiv wirklich erlebt werden.

Alphaismus ist die erste Stufe der Sexualmagie. Sie besteht in der Übung magischer Keuschheit, worin der Magier keinerlei sexuelle Gefühle zwischen den sexuellen Zusammenkünften empfindet. Man phantasiert nicht einmal aktiv über Sex. Es ist nicht bloß die körperliche Keuschheit, die wertvoll ist. Es ist eher so, daß man das sexuelle Interesse und die entsprechenden Vorstellungen für den Zeitpunkt der tatsächlichen geschlechtlichen Begegnung und die Vorbereitung darauf aufhebt. Sexualmagie stellt den Geschlechtsakt auf eine hohe, idealistische Ebene. Sie erhebt das Liebesspiel von der untersten Ebene der Begierde auf die höchste Stufe der Selbst-Transformation.

Die zweite Stufe der Sexualmagie heißt *Dianismus*. Dianismus ist die sexuelle Begegnung ohne Höhepunkt. Der Name leitet sich von der keuschen Göttin Diana ab. Die Beteiligten sollten Wärme und Glut verspüren, sich dabei aber nicht bis zur Sinnenlust hinreissen lassen. Die Übung dieser Kunst führt schließlich einen Zustand herbei, in dem kein Gefühl der Frustration mehr aufkommt, auch wenn der Orgasmus ausgeschlossen wird.

Anstatt zuzulassen, daß man von der Flut genußvoller Empfindungen völlig überschwemmt wird, sollte man die Ekstase das Feuer der Aspiration und Inspiration nähren lassen. Das Ziel des *Dianismus* und sein größter Zauber liegen darin, die Vereinigung so lange fortzusetzen, bis man in den «Grenzlandzustand» hinübergleitet, jenen Bereich der Imagination, der weder ganz bewußt ist, noch jenseits der Willenskontrolle liegt. Ein Damianaschnäpschen ist zu diesem Zeitpunkt ein vortreffliches psychisches Aphrodisiakum, das die «Flamme» schürt, um den Grenzzustand zu verlängern.

Hier einige Richtlinien für diese zweite Stufe der Sexualmagie.

1 Der Partner, der nach wahrer Individualität strebt, muß eine Haltung einnehmen, in der er jedes mögliche Gewahrsein des Partners als einer bestimmten Person verliert. Man sollte sich dieser Persönlichkeit gegenüber so unpersönlich wie möglich verhalten.

2 Der Aspirant sollte den (imaginierten und visualisierten) Partner als eine greifbare Manifestation des eigenen Daimons, seinen göttlichen Liebhaber, betrachten, indem er den Partner in der Vorstellung in einen symbolischen Vertreter göttlicher innerer Kräfte verwandelt.

3 Der Partner darf nur dann zum Höhepunkt kommen, wenn dies das weitere Auskosten des Grenzzustandes nicht beeinträchtigt. Die Partner sollten entspannt sein, sexuell nicht aggressiv, und sie sollten sich nie beeilen, den Höhepunkt zu erreichen.

4 Sie sollten den Sinnestaumel willkommen heißen, jedoch nicht darin schwelgen. Stattdessen sollten sie sich vorstellen und *wollen,* daß die sexuelle Ekstase sich unverzüglich in jenes beständige Feuer verwandle, welches das magische Visualisieren und Imaginieren der Vereinigung mit dem Geliebten der eigenen Seele nährt. Wird dies gut durchgeführt, so wird der Wunsch nach einer Klimax unterdrückt. Die Praxis des tantrischen Yoga sieht ganz vom Orgasmus ab, indem sie diese Energie der seelischen und spirituellen Schöpferkraft zuführt. Man mag diese Übung nicht ewig fortzusetzen wünschen, aber in einer Zeit, wo Veränderung not tut, damit experimentieren wollen.

5 Um das zu erschaffen, was man unterschiedlich das «magische Kind» oder den «absoluten Willen» nennt, ist ein fortgesetztes Durchführen magischer Sexualrituale vonnöten. Der schöpferische Prozeß und der Prozeß der körperlichen Zeugung entsprechen einander. Für beide braucht es Anziehung, Vereinigung, Befruchtung, Inkubation (oder Schwangerschaft) und die Geburt. Das wahre oder höhere Selbst muß sich aus der Vereinigung der bewußten und unbewußten Energien bilden, die genährt und nach einer Zeit der Enthaltung zum Leben gebracht werden. Wenn das Kind «geboren» ist, hängt seine Lebensdauer von der magischen Wirkungskraft ab, die symbolisch die Tiefe des psychologischen Transformationsprozesses wiedergibt. Dieses Ritual sollte alle sieben bis neun Tage durchgeführt werden und an Intensität zunehmen, so daß nach drei Riten ein Höhepunkt erreicht wird.

Anmerkung zur Vorsicht

Übermäßige Anwendung über längere Zeit kann Gift für die Leber sein.

Man nahm an, Damiana sei am wirksamsten, wenn es zu gleichen Teilen in Verbindung mit Sabalbeeren (Serenoa repens) eingenommen werde.

Das sagenumwobene «Elixir der Langlebigkeit»

Fo-ti-tieng

Familie

Umbelliferae (Doldenblütler)

Botanischer Name

Hydrocotyle asiatica minor L.

Synonyme

Asiatischer Wassernabel, Gotu kola.

Geographische Vorkommen

In ganz Asien und fast ganz China. *Centella asiatica* (Gotu kola) ist eine etwas größere geographische Variante, die in Sri Lanka, Indien und Teilen Afrikas vorkommt. Sie werden oft verwechselt, sind aber *nicht* dasselbe Kraut.

Standorte

Man findet es wildwachsend an Wegrändern, an schattigen und feuchten Abhängen oder im dichten Gras.

Botanische Beschreibung

Mehrjähriges Kraut mit einem schlanken, zierlichen, sich emporrankenden Stengel. Drei bis vier Blätter wachsen jeweils aus einem Knoten. Sie sind eirund und haben stumpfe Scheitel. Im Sommer sieht es aus, als ob die kleinen, violetten blattachselständigen Blüten doldenartige Blütenstände bildeten. Die Frucht ist flachgerundet und rot wie Purpur.

Geschichte

Viele Bewohner von Sri Lanka essen die frischen Blätter der *Hydrocotyle asiatica minor* täglich, vor allem um ihre Gesundheit zu stärken und ihr Leben zu verlängern. Auf die Pflanze wurde man in der westlichen Welt erstmals aufmerksam, als man in verschiedenen Kräuterbüchern die Geschichte von Li Chung Yun las, einem berühmten chinesischen Pflanzenkenner, der 1933 gestorben war. Er soll 1677 zur Welt gekommen sein und im Alter von 256 Jahren gestorben sein. Offenbar lebte er vor seinem Tod mit seiner vierundzwanzigsten Frau zusammen.

Man mag die Exaktheit seines Geburts- und Todestages anzweifeln, sicher ist aber, daß dieser Mann ein ungewöhnlich langes Leben gelebt hatte und bis zum Schluß im Vollbesitz seiner Kräfte war. Seine Ernährung bestand aus einer streng vegetarischen Diät und täglichen Dosen von *Fo-ti-tieng* und Ginseng. Heute propagieren zahlreiche Sexdrogen-Händler, es seien eigentlich die getrockneten Blätter dieses asiatischen Wassernabels gewesen, die Dr. Li Chung Yun zu seiner sagenhaften Langlebigkeit und sexuellen Meisterleistung verholfen hätten.

Der bekannte französische Biochemiker Jules Lepine entdeckte, daß die Blätter und Samen dieser Pflanze ein Alkaloid mit einer verjüngenden Wirkung auf Nerven, Hirnzellen und die endokrinen Drüsen enthalten. Professor Menier von der *Académie Scientifique* bei Paris beobachtete Ähnliches. Man stellte fest, daß dieser Stoff einen Teil der Nebennierendrüsen stimuliert, die den Körper von Unreinheiten entgiften.

Es bestehen Meinungsverschiedenheiten unter Experten darüber, was genau Li Chung Yuns *Fo-ti-tieng* war. Der chinesische

Name, der freizügig auf zahlreiche andere Kräuter einschließlich Gotu kola und den vielblütigen Knöterich sowie auch auf verschiedene aus mehreren Kräutern zusammengesetzte Mischungen übertragen wurde, bedeutet übersetzt «Elixir der Langlebigkeit». Gotu kola wird heute als größere geographische Variante des Fo-ti- tieng betrachtet und manchmal *Hydrocotyle asiatica major* genannt.

Hydrocotyle ist eine asiatische Art des Wassernabels, eines niedrigwüchsigen Krautes. Das chinesische *tieng* bedeutet jedoch Wurzel. Heute gibt es verschiedene Anzeichen, welche die Annahme unterstützen, die Knolle (oder Wurzel) von *Polygonum multiflorum,* chinesisch «Shoo Koo» genannt, sei Fo-ti-tieng. Der landläufige Name ist vielblütiger Knöterich, und Dr. Leung Kok Yuen von der *North American School of Acupuncture* ist der Ansicht, es sei das legendäre Fo-ti-tieng. In China ist die Geschichte seiner Anwendung über tausend Jahre alt.

Chemische Beschaffenheit

Das Alkaloid, das aus Blättern und Samen der *Hydrocotyle asiatica minor* gewonnen wird, hat man Vitamin X genannt. Man weiß nicht viel über diese chemische Verbindung, obschon *Centella asiatica* heute als Antibiotikum verwendet wird. Der Extrakt aus Gotu kola ist Asiaticosid, als aktiver Wirkstoff gegen Tuberkelbazillen bekannt. Vitamin X ist immer noch verhältnismäßig unbekannt.

Hauptsächliche Wirkungen

Die tägliche Anwendung von ½ Teelöffel des Krautes in Pulverform, in einer Tasse heißen Wassers aufgelöst, zeitigt verschiedene ausgezeichnete Wirkungen. Dazu gehören eine bessere Verdauung, Resistenz gegen bestimmte Krankheiten, Nervenberuhigung, Vermehrung sowohl der körperlichen wie der geistigen Energie und Milderung der Altersmerkmale (wie Falten und Runzeln). Größere Mengen, etwa 1–2 Eßlöffel täglich, wirken bei geringer sexueller Energie als sexueller Erreger. Ständiger Gebrauch hat eine zunehmend wohltuende Wirkung auf den gesamten Gesundheitszustand.

Zubereitung

Ich empfehle, Fo-ti-tieng täglich einzunehmen. Eine Art der Zubereitung ist, 4 Unzen (knapp 120 g) Blätter langsam 6 Stunden lang zu kochen (nicht sieden) und über 3 bis 4 Tage verteilt zu trinken, wobei man darauf achtet, daß 2 l Flüssigkeit im Topf bleiben.

Viele Menschen meinen, sie erreichten die beste Wirkung, wenn sie frische Gotu kola-Blätter verwenden. Die Pflanze braucht mäßig Schatten und viel Wasser. Einige Pflanzen bilden Ausläufer, und sie verbreiten sich unter geeigneten Bedingungen wie Erdbeeren. Die Blätter haben einen scharfen Beigeschmack, und man sollte täglich zwei oder mehr davon zur Erhaltung der Vitalität und als psychisches Stärkungsmittel kauen.

Rituelle Anwendung

Das taoistische Unsterblichkeitsgeheimnis könnte man im folgenden Aphorismus zusammenfassen: «Meister, ejakulieren Sie je?» «Nur, um Kinder zu machen.» Obschon Magier des Tao es vorzogen, dem Orgasmus zugunsten der Unsterblichkeit zu entsagen, hingen sie paradoxerweise für ihren Transformationsprozeß doch von Frauen ab. Da sie glaubten, die Absonderungen des weiblichen Körpers enthielten die notwendigen Ingredienzien, um ihre Unsterblichkeit zu gewährleisten, führte das bei diesen Männern schließlich zu einer Haltung, in der sie die Frau gleichzeitig verehrten als auch ausnützten.

Das alte China hatte eine patriarchalische Gesellschaft, in der man dennoch glaubte, die Frauen seien den Urkräften des unsterblichen Seins näher als die Männer. Deshalb versicherten taoistische Magier, der sexuelle Kontakt mit so vielen Frauen wie möglich (vorzugsweise Jungfrauen) würde den Weisen mit vermehrter Körperkraft, geistiger Gesundheit und Langlebigkeit ausstatten.

Die Transformation zum Zustand der Unsterblichkeit wurde dann als vollendet erachtet, wenn sich das Yang-Element (der Samen) mit dem Yin-Element (den weiblichen Sekretionen) vermengte. Der Magier verband sie in seinem eigenen Körper und schuf damit ein Infus, das als Nektar der Unsterblichkeit bekannt ist. Ein eingeweihter Magier konnte mehrere Orgasmen bei seiner Partnerin auslösen und daraus die höchstmöglichen Yin-Energien für seinen eigenen Transformationsprozeß schöpfen. Um jedoch sein zugegebenermaßen eigensüchtiges Ziel zu erreichen, mußte der Mann seinen eigenen Orgasmuswunsch unterdrücken und sich vollkommen dem Rhythmus seiner Partnerin anpassen.

«Beherrsche eine Frau, wie du ein Pferd an einem morschen Strick beherrschen würdest.» Dieses Zitat eines taoistischen Weisen faßt zusammen, welche Sensibilität zur erfolgreichen Durchführung dieser Art der Magie erforderlich ist. Der Nutzen daraus aber war nicht nur den männlichen Beteiligten vorbehalten. Eine Frau konnte durch diese Kunst ebenfalls Unsterblichkeit erlangen. Das Yin-Element konnte durch Harmonisierung mit dem Yang-Element Erfüllung finden. Frauen konnten die transformatorische Kraft erlangen, indem sie nur selten einen Höhepunkt auskosteten, während sie all ihre Partner so oft als möglich zum Orgasmus brachten.

Eine Frau sollte während des Geschlechtsverkehrs in ihrem Geist und Herzen Ruhe bewahren. Sie sollte ihre Gefühle beherrschen, um mit ihrem Partner in Einklang zu kommen. Sie darf sich nicht heftig bewegen, damit sie ihren Orgasmus nicht vorzeitig auslöst. Wenn ihre Yin-Energie sich zuerst erschöpft, wird ihr Körper als leer erachtet, und sie kann für Erkältungen anfällig werden.

Die taoistische Literatur unterstreicht, daß nur wirklich fortgeschrittene Yogapraktiker sich des Orgasmus völlig enthalten sollten. Wenn wir die Grundgedanken des Tao auf den heutigen Lebensstil übertragen, so sollten wir uns zufriedengeben, wenn es uns gelingt, wahrhaft mit den Bewegungen und Gefühlsregungen unseres Partners zu harmonieren, womit wir ein Rezept für unseren eigenen Nektar der Unsterblichkeit schaffen, zumindest für diese eine Beziehung. Ein Weg dorthin ist, den Atem nicht mit Reden zu vergeuden, sondern die gesamte Aufmerksamkeit auf das Hier und Jetzt der Erfahrung gerichtet zu halten.

Die taoistische Sexualpraxis erreicht ihren höchsten Ausdruck, wenn beide Partner in einem Prozeß gegenseitiger Transformation zusammenwirken und ihre Yin- und Yang- Energien verschmelzen. In einer berühmten chinesischen Legende werden die Wohltaten eines ausgeglichenen Austausches sexueller Energien wie folgt wiedergegeben: Madame «Fee» Koo war eine Frau der T'ang Dynastie (618–906), die im selben Maße gab, wie sie empfing. Sie hatte drei Geheimnisse, die ihre Kunst unterstrichen:

1 «Das Erquickungsgemach senken, um den vordringenden Gesandten zu begrüßen». Das bedeutet, daß die Frau rittlings auf dem Mann sitzt und ihre Hüften im Kreis bewegt. Dieser legendären Technik zufolge soll sie dann ihren Körper anheben und einen Augenblick innehalten, wobei sie das männliche Organ fest umschlossen hält, so daß es unter ihr hängt «wie ein Tier in den Krallen eines Adlers».
2 «Das Erquickungsgemach anheben, um zum Gesandten emporzuklettern.» Die Frau liegt auf dem Rücken und paßt sich vollkommen den rhythmischen Bewegungen des Mannes an. Entweder kann sie seinem Vorwärtsstoßen mit gleich starken Stößen ihrerseits begegnen und so einen tiefen, weichen Zusammenprall erzeugen, oder sie kann ihre Wellenbewegungen auf die ihres Partners abstimmen und so jede reibende Empfindung ausschalten. Letztere Kunst wird besonders angewendet, um die Lust des Mannes zu verlängern und ein «ozeanisches» Erlebnis in der Psyche beider Beteiligten zu erzeugen.
3 «Der Wolkenbruch» oder Orgasmus. Dazu sollte die Frau eine Stellung einnehmen, in der der Samen direkt in die Gebärmutter fließen kann; hier umschließt sie den «Schildkrötenkopf» mit ihren inneren Muskeln, indem sie den Schließmuskel in der Scheide zusammenzieht. Nun sollte sie ihren Partner dazu bringen, ruhig zu bleiben, damit beide die subtilen Aspekte dieses Augenblicks erleben. Die von seinem Penis fließende Yang-Essenz und die Yin-Essenz aus ihren Sekretionen können

gleichzeitig in einem vollkommenen Austausch sexueller Lebenssäfte aneinander vorbeifließen. Dieses Amalgam, den Nektar der Unsterblichkeit, sieht man in der Vorstellung die Wirbelsäule entlang bis in den Schädel aufsteigen, wo er eine psychologische Transformation des Bewußtseins auslöst.

Wenn du dich auf die Bewegungen und den Atem deines Partners einstimmst, wird die Energie in eurem vereinten Kreislauf größer, und mehr Kraft sammelt sich für den krönenden Orgasmus an. *Bewußtheit ist der Schlüssel.* Du mußt dein ganzes Sinnen während der ganzen Vereinigung im Hier und Jetzt behalten, ohne zu phantasieren, ohne etwas erreichen zu wollen, nur fühlend und den Orgasmus zurückhaltend, ohne daß deine Aufmerksamkeit nachläßt. Wenn der «Wolkenbruch» dich schließlich überwältigt, kann er zum wahrhaft transformierenden Erlebnis werden. Dies ist die Zauberkraft der taoistischen Alchimie.

Anmerkung zur Vorsicht

Es scheint große Meinungsverschiedenheiten darüber zu geben, welches das wahre Fo-ti-tieng des Dr. Li sei. Keines der besprochenen und in Frage kommenden Kräuter ist in irgend einer Art als giftig nachgewiesen worden. Alle haben als Lebenselixire eine gewisse Tradition.

Ursprünglich wurde Gotu kola *(Centella asiatica)* im Volksgebrauch gegen Aussatz verwendet. Heute scheint ein gewisser Zusammenhang zwischen dieser Krankheit und der antibiotischen Wirkung der Pflanze nachweisbar zu sein. Gotu kola wurde auch zur Vorbeugung von Nervenzusammenbrüchen verwendet. Als lebensverlängernde Arznei kennen die Singhalesen ein Sprichwort über dieses Kraut: «Zwei Blätter am Tag hält das Altern ab».

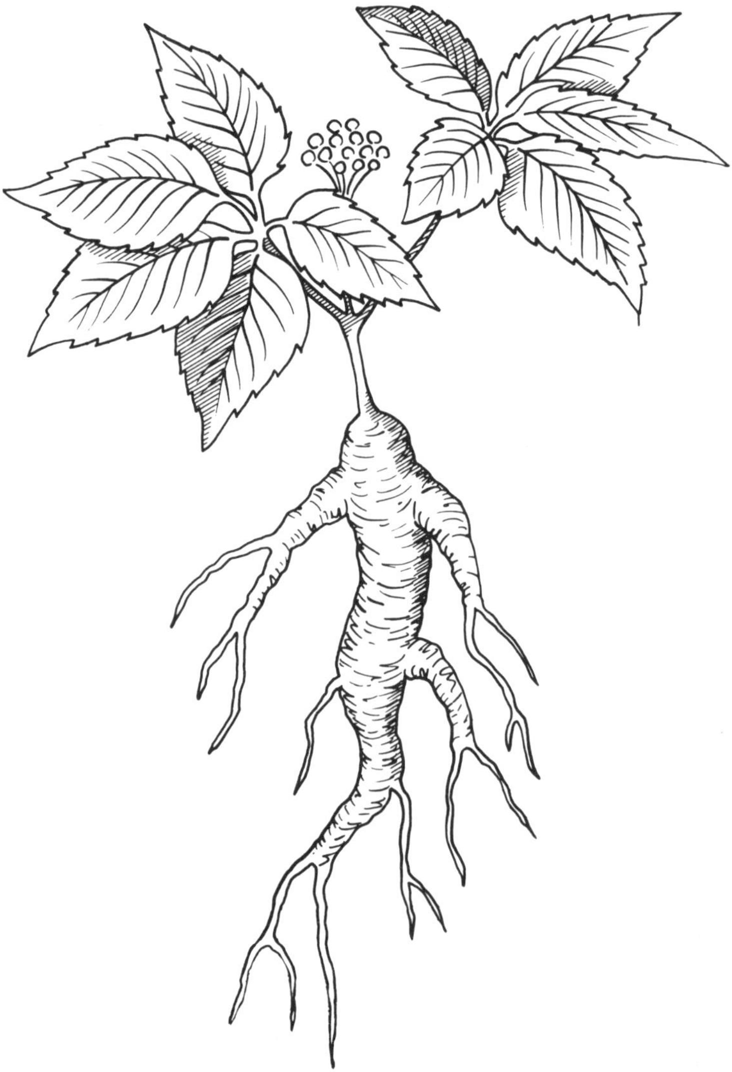

Stellt die schwindende Vitalität alternder und rekonvaleszenter Menschen wieder her

Ginseng

Familie

Araliaceae (Efeugewächse)

Botanischer Name

Panax quinquefolium L.

Synonyme

Nordamerikanischer Ginseng, Chinesischer Kraftwurz, Menschenpflanze.

Geographische Vorkommen

Kommt sowohl in China und Korea als auch in den Vereinigten Staaten in der Wildnis von Maine bis Minnesota und südlich der Berge von Nord-Georgia und Arkansas vor. Ginseng wurde überdies für lange Zeit in begrenzten Gebieten in Nord- und Mittelamerika und in den Nordweststaaten am Pazifik angebaut.

Standorte

Es wächst spärlich in der reichen, feuchten Erde von Laubbaumwäldern.

Botanische Beschreibung

Ginseng ist eine aufrechte Pflanze, die zwischen 20 und 40 cm hoch wird und zuoberst drei Blätter trägt. Jedes Blatt besteht aus fünf dünnen, blattstielständigen Blättern. Die drei oberen sind größer als die beiden unteren. Im Juli und August entstehen sechs bis zwanzig grünlich-gelbe Blüten in einer kleinen Traube, auf die später im Jahr leuchtend karminrote Beeren folgen.

Ginseng hat eine dicke, fleischige, spindelförmige, oft verzweigte Wurzel, die 5 bis 8 cm oder länger und etwa 1 bis 2 ½ cm dick wird. Nach dem zweiten Jahr verzweigt oder gabelt sich die Wurzel, und es ist die verzweigte Wurzel, besonders wenn sie menschenähnlich ist, die von den Chinesen, den hauptsächlichen Verbrauchern der Wurzel, bevorzugt wird.

Geschichte

Die «Menschenpflanze» hat die Chinesen seit über fünftausend Jahren fasziniert. Wie bei der Alraune sollen die wirksamsten Ginseng-Wurzeln wie Menschenkörper geformt sein. Außerdem glaubten die Chinesen an einen größeren Erfolg, wenn die Wurzel zur zwölften Stunde einer Vollmondnacht ausgegraben wurde. Im Orient haben Männer sie während fünftausend Jahren eingenommen, um ihre Manneskraft zu bewahren. In einem alten medizinischen indischen Manuskript (Atherva Veda) steht über Ginseng, es «verleihe jungen wie alten Männern die Kraft eines Stieres».

Bei den Indianerstämmen der Vereinigten Staaten wurden die guten Eigenschaften des Ginseng im 16. Jahrhundert bekannt. Ganze Stämme ernteten das reichlich verbreitete *Panax quinquefolium*, die nordamerikanische Sorte dieser Knollenfrucht. So weiß man, daß beispielsweise die Meskwaki-Indianer einen besonderen Liebestrank aus einer solchen Ernte brauten, in den sie Glimmererde, Schlangenfleisch, Gelatine und etwas wilde Akelei mischten. Junge Stammesmädchen benutzten diese Mischung, um einen Ehemann zu bekommen, indem sie es einem ahnungslosen jungen Mann einflößten.

Eine chinesische *materia medica* aus dem 4. Jahrhundert enthält eine Liste von Ginseng-Rezepten, die vermeintlich den sexuellen Appetit anregen. Shen-Nung, einer der ersten chinesischen Kaiser, die Alchimie betrieben und Sex zur Verjüngung praktizierten, hielt fest, daß er Wärme und sexuelles Verlangen verspürte, nachdem er etwas von der Wurzel gekaut hatte. Der Ruf von Ginseng als Aphrodisiakum bezieht seine Verbreitung zum größten Teil aus der « Doktrin der Signaturen » (einer Anschauung, die auf Form, Farbe usw beruht), da er die Form eines Phallus hat.

Chemische Beschaffenheit

Sechs Glykoside (Acetal-Derivate des Zuckers), Panaxoside genannt, sind im Ginseng isoliert worden. Die größte Bedeutung kommt den vier wichtigsten Sapogeninen zu (jenen mit den Glykosiden verbundenen Gefügen, die von der Wurzel « abgespalten » werden können). Es sind dies Panaquilon, Panaxapogenol, Panaxin und Panacen. Die stimulierende Wirkung dieser Sapogenine ist keine ausreichende Erklärung für die Wirksamkeit des Ginseng als Stärkungsmittel oder medizinische Substanz. Sie unterstützt lediglich die Wirkung der beiden verbleibenden Sapogenine, Panaxadiol und Panaxatriol, die chemisch wie Triterpen aufgebaut sind; ihre isometrische Struktur ist die des Kohlenwasserstoffs ($C_{10}H_{16}$), die in vielen Medizinalpflanzen vorkommt. Sie werden vor allem als Lösungsmittel in organischen Synthesen verwendet. Panaxatriol findet sich in der Wurzel, Panaxadiol im Wurzelextrakt.

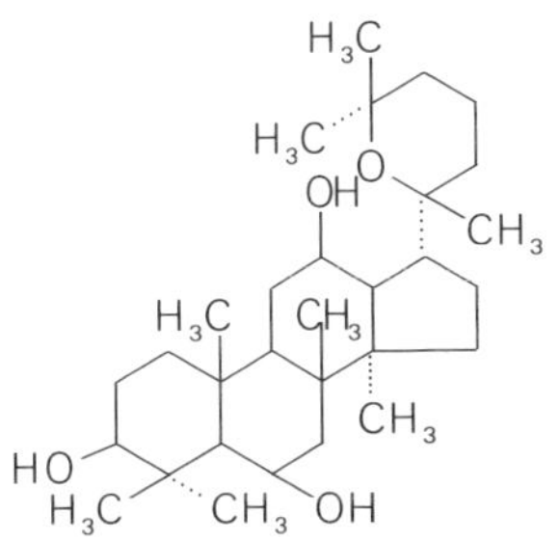

Ginseng: Panaxatriol

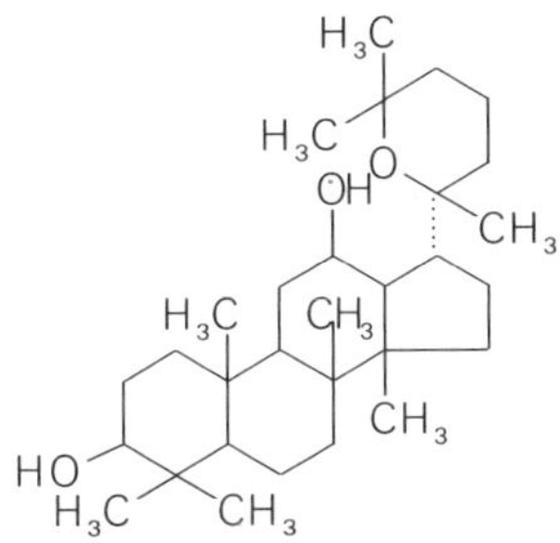

Ginseng: Panaxadiol

Ginseng ist auch reich an Vitamin B_1 und B_2 und enthält die Minerale Phosphor, Eisen, Aluminium, Kupfer, Mangan, Kobalt, Schwefel und Kieselerde. Diese sind in den Glutaminsäuren und den Enzymen Amylase und Phenolase ebenfalls enthalten. Es ist jedoch der Steroidkern des Ginseng, der sich ausschlaggebend von den meisten anderen Pflanzen unterscheidet. Dies mag der Schlüssel zur Erklärung der erstaunlich regulatorischen und heilenden Eigenschaften des Ginseng sein.

Dem *Cyclopedia Dictionary of Medical Botany of the USSR* von G.S. Ogolovec (1955) zufolge gibt Ginseng auch winzige Mengen einer einzigartigen ultravioletten Strahlung ab, die das gesunde Gewebewachstum anregt, vor allem im innersekretorischen Bereich. Diese subtile radioaktive Eigenschaft nennt man *mitogenetische Strahlung.* Russische Wissenschaftler gewinnen einen flüssigen Extrakt aus dem sibirischen Ginseng *(Eleutherococcus senticosis)*, dessen Gebrauch weit verbreitet ist. Russische Astronauten nahmen diese Droge ein, die nicht ein wirklicher Ginseng ist, um sich für ihre gewagten Unternehmen zu stärken.

Hauptsächliche Wirkungen

Panaquilon regt die endokrine Drüsentätigkeit an und verstärkt sie. Panaxapogenol (Panaxsäure) führt zu einer leichten Beschleunigung des Stoffwechsels und entspannt die Herz- sowie arterielle Tätigkeit. Panaxin regt die zentralen Steuerungsorgane, das Herz und die Blutgefäße an. Panacen stimuliert die medullären Zentren und entspannt das zentrale Nervensystem.

Zubereitung

Ginseng kann auf viele verschiedene Arten eingenommen werden. Am besten kaut man Stücke von der Dicke etwa eines Bleistifts und 2 ½ cm Länge. Der Speichel hilft, seine Wirkung zu entfalten; bloß Kapseln zu schlucken ist nicht so wirksam. Die Chinesen brauen einen Tee, indem sie 1 Teelöffel Wurzelfasern 10 Minuten lang in ½ l Wasser kochen. Der Faserbrei wird nicht weggeworfen, sondern mehrmals verwendet und dann im weiteren gekaut und geschluckt.

Ginseng-Tee sollte man langsam und schluckweise trinken, damit er sich mit der Speichelflüssigkeit verbinden kann, bevor man ihn hinunterschluckt. Unter einer anderen Form kommt er im kostspieligen chinesischen Wein *kaoliang* vor, wofür Ginsengwurzeln mindestens drei Jahre lang im Faß eingelegt werden. Er ist so stark wie Wodka und wird gewöhnlich in kleinen Gläsern als Schlummertrunk eingenommen.

In einem alten französischen Rezept für einen Liebestrank, den man selbst zubereiten kann, verwendet man Ginseng. Zu einer Flasche Chablis zerstampfe man 1 Unze (28 g) Vanilleschoten, 1 Unze Zimtraspel, 1 Unze Rhabarber und 1 Unze Ginseng (oder stattdessen Alraune). Zwei Wochen stehen lassen und täglich umrühren. Dann durch ein Mulltuch sieben und ein wenig Johanniskraut für die Farbe beifügen.

Rituelle Anwendung

Einige mögen die tägliche Einnahme von Ginseng als ebenso wichtiges Ritual ansehen wie das Zähneputzen. Es nahm sicher einen wesentlichen Platz in der taoistischen Einstellung zum Sex ein. Auch wenn wir heute nicht alle Grundregeln des Tao in unseren Liebesspielen anwenden, können wir doch Nutzen aus dem Gebrauch von Ginseng ziehen, um mehr Freude in unser Leben zu bringen.

Taoistische Magier hielten dafür, es sei wichtig, das männliche (Yang) und weibliche (Yin) Element im Liebesakt ins Gleichgewicht zu bringen. Sie waren der Ansicht, daß beide Partner genährt würden, wenn sie in «Harmonie» seien und so dem Weltengeist näherrückten. Waren die Partner im Gleichgewicht, suchte keiner seine Lust *unabhängig* vom anderen zu befriedigen.

Wir können Nutzen aus dieser taoistischen Haltung in unseren heutigen Begegnungen ziehen, wenn wir diesen Grundsatz nicht aus dem Auge verlieren. Das heißt nicht, daß wir jetzt fetischistisch am gleichzeitigen Orgasmus festhalten sollen. Die Taoisten vertraten jedoch die Ansicht, daß die «Lebenskraft» im Nebenerzeugnis des Orgasmus enthalten sei (nämlich im Samen und den Vaginalsekretionen). Deshalb benötigen wir, um im Gleichgewicht zu bleiben, die komplementäre Yin- oder Yang-Energie unseres Partners. Dann vermengen sich Yin und Yang, nähren beide Beteiligten und fördern Gesundheit und Langlebigkeit.

Für die Taoisten war der Orgasmus nur ein Aspekt des Liebesspiels zwischen den Geschlechtern. Genauso wie moderne Psychologen und Sexualtherapeuten uns ermuntern, den Geschlechtsakt als Ganzes wichtig zu nehmen, betrachteten die Taoisten den Gesamtprozeß als Symbol der universellen Beziehungen zueinander. Aus diesem Grunde ist der *egoistische* Tao-Liebhaber genau das Gegenteil dessen, was wir in unserer modernen Gesellschaft egoistisch nennen würden.

Ein ausgeglichener Magier des Tao ist auf «ausgeglichenen Austausch» eingestellt, während der negative oder neurotische Taoist darauf aus ist, so viel wie möglich für sich selbst zu gewinnen. Er sieht Sex als Kampf oder Wettstreit. Die selbstsüchtige Haltung, Partner zum Erlangen der Unsterblichkeit zu benutzen, besteht darin, seinen Geschlechtspartner zu so vielen Orgasmen wie möglich zu bringen, während man seine eigenen Körpersäfte bewahrt. In der westlichen Gesellschaft jedoch werden Liebende als egoistisch angesehen, wenn sie ihre eigenen Orgasmen für wichtiger halten als beidseitigen Liebesgenuß.

Im Tao ist Sex als eine Art Meditation geübt worden, die bis zu einigen Tagen dauern konnte. Um ihre Energie zu bewahren, suchten die Taoisten in einem Zustand philosophischer Ruhe zu verweilen. Ohne Bemühung und indem sie losgelöst und kühl blieben, nutzten sie ihre Aufmerksamkeit für die Vertiefung der Empfindungseindrücke eines jeden ihrer Körperteile. So wurden in einem sich langsam entfaltenden Prozeß die feinsten Empfindungen geweckt.

Sex kann bei einem vollkommen wach gewordenen Bewußtsein

der Gegenwart als Ziel an sich genossen werden. Da der Partner, der zuerst zum Orgasmus kommt, den anderen mit einem Überfluß an Lebenskraft versieht, kann man Sex als einen Scheinkampf ansehen, in dem die «Widersacher» darum wetteifern, wer den anderen zum Höhepunkt bringen kann. Anstatt Sex als Überlebenskampf zu betrachten, könnten wir ihn als erfrischendes, erholsames Liebesspiel ansehen.

Im Westen hält man, auch wenn dies eine willkürliche Haltung ist, am Orgasmus als oberstem Ziel und Belohnung des Sex fest. Abgesehen von gewissen magischen Praktiken (siehe Damiana), betrachtet man das Ausbleiben der orgasmischen Entladung als schädlich und neurotisch. Diese Einstellung des Westens ist jedoch mit einem kulturellen Vorurteil behaftet.

Wir sind von der Idee besessen, Orgasmen «zu leisten», je mehr, desto besser. Vielleicht haben wir auch etwas verloren, weil wir der Qualität der Erfahrung wenig Aufmerksamkeit schenken. Einen Abend lang taoistisch zu lieben könnte deiner Beziehung ihre Besonderheit wiederbringen. Laß dir feine Nuancierungen einfallen, während du den Körperkontakt mit deinem Partner so lang wie möglich ausdehnst, wobei der Fluß der Lebenssäfte möglichst gering bleiben sollte. Streben die Partner danach, einander zu ergänzen und sich aufeinander einzustimmen, so werden beide genährt. Wenn der Drang zum Orgasmus so stark wird, daß er unwiderstehlich ist, können wir ihm nachgeben und uns danach wieder erfrischen, indem wir Ginseng-Tee in Schlückchen zu uns nehmen!

Die Meister der fortgeschritteneren Techniken des Tao befaßten sich mit der Schwierigkeit, ihre Essenz nicht zu vergeuden, indem sie Mittel ausfindig machten, um den Genuß zu verlängern und den Erguß zu vermeiden. Als Ärzte verschrieben sie Kräuter und Arzneien, um die Manneskraft wiederherzustellen. Die Weisen des Tao stellten auch Überlegungen darüber an, welche Stellungen im Geschlechtsverkehr zur Heilung bestimmter Leiden am wirksamsten seien.

Anmerkung zur Vorsicht

Ginseng ist in den meisten Reformhäusern erhältlich, für alle, die «mitogenetisch» bestrahlt und/oder sexuell angeregt werden möchten. Gute Ginseng-Sorten sind für nur etwa 3 SFr./DM pro 10 g erhältlich, man sollte jedoch darauf achten, nicht die (auf dem Markt verbreiteten) qualitativ schlechten japanischen Sorten zu erstehen. Alle potenten Ginseng-Sorten sind verhältnismäßig teuer.

Die meisten chinesischen Pflanzenkenner unterteilen Ginseng in mindestens vier Sorten. Die teuerste ist das wildwachsende Tung Pei, von welchem 1 Unze (28 g) über 5500 $ einbringt. Kleine Wurzeln wiegen etwa ein Gramm und werden für 100 $ verkauft.

Ein Aphrodisiakum und Stimulans auf Koffeinbasis

Guarana

Familie

Sapindaceae (Seifenbaumgewächse).

Botanischer Name

Paullinia cupana.

Synonyme

Brasilianischer Kakaobaum, Uabano.

Geographische Vorkommen

Südamerika, vor allem in Nord- und West- Brasilien, sowie in einigen Gegenden von Venezuela.

Standorte

Südamerikanische tropische Urwälder im Amazonasgebiet.

Botanische Beschreibung

Eine Urwaldliane mit getrennten, zusammengesetzten Blättern. Die Blüten sind gelb und bilden lockere Blütentrauben. Jede der dreizelligen Fruchtkapseln enthält Samen, die kleinen Roßkastanien gleichen. Die frischen Samen sind fleischfarben, und wenn sie getrocknet sind, leicht von der Frucht abzulösen. Die Samen werden gewaschen und danach sechs Stunden lang geröstet, bevor man sie verwendet.

Geschichte

Guarana wurde zuerst von den Quaramis, einem südamerikanischen Indianerstamm, gegen Darmleiden verwendet. Brasilianische Minenarbeiter brauchten es auch als Vorbeugung gegen Krankheiten, jedoch in der Hauptsache als erfrischendes Getränk. Heute wird es in Brasilien als Hauptbestandteil eines beliebten Diätgetränks verwendet.

Einheimische der gleichen Gegend des Amazonasbeckens tragen lange Stäbe getrockneten Guaranapulvers mit sich, die sie ankratzen, wann immer sie einen Essensersatz brauchen. Sie können zwei oder sogar drei Tage lang ohne Nahrung reisen, wenn sie diesen wertvollen Stab zum Knabbern bei sich haben. Gewöhnlich in Pulverform eingenommen, sollen diese Samen überdies schwach aphrodisisch wirken, vorwiegend des hohen Gehalts an Guaranin wegen, einem wenig erforschten, leicht halluzinogenen Öl. (Guarana wird heute in einer Reihe frei vertriebener Appetitzügler verwendet.)

Chemische Beschaffenheit

Guarana gehört zur Gruppe der denaturierten Purine und enthält 5 % Koffein, das heißt dreimal soviel wie normaler Kaffee. Guarana gilt als das stärkste natürlich vorkommende Methylxanthin. Es hat die gleiche chemische Zusammensetzung wie Koffein, Thein und Kokain und die gleiche physiologische Wirkung.

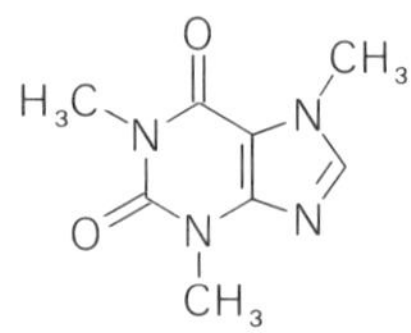

Guarana: Koffein

Weitere denaturierte Purine sind:

a Kaffee *(Coffea arabica)*
Ein arabischer Strauch; die Bohne enthält 1 bis 2 % Koffein.

b Tee *(Camelia theca)*
Ein asiatischer Strauch; die Blätter enthalten 2 bis 4 % Koffein sowie Theobromin und Theophyllin.

c Kakao *(Theobroma cacao)*
Aztekische Schokolade; die Bohnen enthalten 2 % Theobromin und Spuren von Koffein und Theophyllin.

d Maté *(Ilex paraguayensis)*
Ein südamerikanischer Strauch; die Blätter enthalten 2 bis 3 % Koffein.

e Kola *(Cola nitida)*
Ein afrikanischer Baum; die Nüsse enthalten 3 % Koffein.

Hauptsächliche Wirkungen

Stimulans. Schärft die Wahrnehmung und erhöht die Wachsamkeit, verlangsamt den Puls, zügelt den Appetit und kann auf langen Fahrten und bei langen Arbeitszeiten eingesetzt werden.

Zubereitung

Die Samen mit dem Stößel in einem Mörser oder in der Kaffeemahlmaschine zu Pulver zerkleinern. Dieses wird wie Kaffee zubereitet, und der Satz kann mehrmals verwendet werden. Die empfohlene Menge sind zwei Nüsse für eine Tasse. Man kann das Pulver auch in Kapseln Größe 04 einkapseln, wenn man den Geschmack des Getränks nicht mag.

Rituelle Anwendung

Da Guarana stimuliert, läßt es uns anregender oder interessanter erscheinen, und zwar sowohl im Gespräch als auch in der Erscheinung. Trinke ein wenig davon vor einer schwierigen Verabredung oder einem wichtigen Anlaß, um in Stimmung zu kommen und deine Erscheinung hervorzuheben.

Seit ältester Zeit haben Kosmetika und Schmuck sowohl im sexuellen Ritual wie in der einfachen Liebeswerbung eine wichtige Rolle gespielt. Das Auftragen von Make-up kann zur persönlichen Begegnung werden zwischen dem Selbst, das man zur Zeit ist, und jenem, das man nach außen projizieren möchte. Erinnere dich, der Spiegel ist eines der altehrwürdigen Symbole der Aphrodite. Guarana ist hervorragend geeignet, um die Stimmung während des Rituals mit sich selbst vor dem Spiegel zu heben, denn meistens braucht man zum Auftragen von Kosmetika Zeit und Geduld.

Vor der Verwendung unserer modernen *muscle-shirts* und Wäsche wurden für viele mystische Riten ein besonderes Make-up und besonderer Schmuck verwendet, um bestimmte Empfindungen zu wecken. Wie wichtig Kosmetika heutzutage sind, kann man aufgrund ihres enormen Absatzes auf der ganzen Welt beurteilen. Tantrische Riten geben genau an, welches Körper-Make-up und welcher Schmuck verwendet werden sollen, um eine bestimmte ästhetische, psychologische, symbolische, ja gar physiologische Wirkung zu erzielen. So üben schwere Ohrringe, die die Schultern streifen, einen ständigen schwachen Reiz aus, der in der Trägerin Erregung oder Sinnlichkeit hervorrufen soll.

Für den tantrischen sexualmagischen Ritus wird der Körper nach dem Bad leicht geölt und dann ganz mit Asche bestäubt (eine moderne Entsprechung wäre etwa ein parfümierter Streupuder). Holzasche enthält wertvolle Spurenmineralien, die leicht durch die Haut aufgenommen werden. Reine Asche von ausgesuchten Harthölzern (etwa der Eiche) hat eine belebende und isolierende Wirkung auf den Körper; man sagt, sie schütze ihn vor psychischen Störungen.

Wenn die Holzasche aufgetragen ist, werden genaue Zeichen (üblicherweise Gruppen von drei parallelen Linien) auf die Unterschenkel aufgetragen, ebenso auf Oberschenkel, Unter- und Oberarme, zwischen der Sexualregion und dem Nabel, quer über den Nabel, auf die Mitte der Brust, am Hals und auf der Stirn. Diese werden aus einem Pulver oder einer Salbe aus zerkleinertem Sandelholz, Kräutern, Getreidekörnern und berauschenden Zusätzen hergestellt. Zweifellos haben diese Zeichen für den Tantriker einen hohen Symbolgehalt, im großen und ganzen jedoch bilden sie nur noch eine Attraktion, wie etwa Tätowierungen und sonderbare Körpermißbildungen in verschiedenen anderen Kulturen.

Der verbreitetste Brauch ist, daß der Mann stattlich aussieht, indem er Asche und Zeichen verwendet, während die Frau verführerisch und sinnlich aussehen sollte, mit Gesichts-Make-up und rotgefärbten Körperteilen, was als erregende Farbe gilt. Die Farbe rot ist dafür bekannt, daß sie das männliche Sexualzentrum wirkungsvoll stimuliert, was einer der Gründe dafür ist, daß sie in so vielen Gesichts-Kosmetika und sexuell aufreizenden Kleidungsstücken vorkommt. Das schlummernde sexuelle Potential wird durch den sorgfältigen und auffälligen Gebrauch von Make-up erregt. Ein männlich aussehender Mann mit einer verführerischen Frau sind das Symbol für die Vereinigung der männlich aggressiven Energie mit der weiblichen Empfänglichkeit.

Im tantraischen Ritual, besonders im sexualmagischen Ritus, wird von einer Frau erwartet, daß sie ihren symbolischsten Schmuck trägt. Eine schöne Frau, kunstvoll hergerichtet und vollkommen mit Ornamenten ausgestattet, ist in der Lage, jeden Mann zu erregen und zu stimulieren. Du solltest versuchen, wann immer möglich Kosmetika und Schmuck zu verwenden. Das wird deine natürlichen Reize hervorheben und den ästhetischen Genuß erhöhen.

Anmerkung zur Vorsicht

Ein andauernder oder übermäßiger Gebrauch von Guarana verändert den Blutzucker. Das führt zu Nervosität, Schlaflosigkeit und möglicherweise psychischer Gewöhnung. Verwende einen Zusatz, um das Vitamin B zu ersetzen und die Nerven zu beruhigen.

Guarana kann auch als Nerventonikum gegen Katzenjammer, menstruelle Kopfschmerzen und Neuralgien verwendet werden.

Ein wirksames Stimulans und Halluzinogen für sexualmagische Rituale

Iboga

Familie

Apocynaceae (Hundsgiftgewächse).

Botanischer Name

Tabernanthe iboga B.

Synonyme

Keine.

Geographische Vorkommen

In Gabun und den umliegenden Gegenden der kongolesischen Republik; ebenso in großen Teilen von Zaire. Es wird allerdings inzwischen auch in Westafrika über seinen ursprünglichen Bereich hinaus angebaut.

Standorte

Wald und Dschungel.

Botanische Beschreibung

Ein zwischen 1 und 2 m hoher Strauch, mit gegenständigen Lanzettblättern, die bis zu 7 ½ cm lang werden. Die kräftigen

Wurzeln sind verzweigt. Die weißen Blüten sind rosa gefleckt und als Knospen eingerollt. Die Frucht ist eine Beere, deren Samen ein fleischiges, zernagtes Nährgewebe aufweisen. Die Wurzel ist gelblich.

Geschichte

Die pulverisierte Rinde (vor allem die Wurzelrinde) des waldigen Ibogastrauches wird von den Eingeborenen in Gabun und Teilen des Kongo bei Initiationsriten etlicher Geheimbünde eingenommen. Der bekannteste dieser Geheimbünde sind die *Bwiti* oder *Bouiti,* bei denen die Droge weitreichende gesellschaftliche Auswirkungen hat. Zauberer beispielsweise nehmen die Droge ein, bevor sie um Mitteilungen aus der Welt der Geister ersuchen, und Kultälteste kauen einen ganzen Tag lang Ibogawurzel, bevor sie verstorbene Ahnen um Rat bitten.

Es wird ebenfalls vor der Löwenjagd gekaut. Die Droge befähigt den Jäger, wach zu bleiben, während er bis zu achtundvierzig Stunden lang regungslos dasteht. In dieser Stellung wartet er geduldig, bis der Löwe seinen Weg kreuzt – so geht jedenfalls die Sage.

Die Bwiti verlangen von ihren Anwärtern, daß sie vor ihrer Aufnahme als Mitglieder Visionen der heiligen Götterpflanze *Bwiti* gehabt haben. Für die Initiationszeremonie wird ein Trank, der große Mengen der Iboga- Wurzel enthält, eingenommen.

Die Droge wird auch von Menschen eingenommen, welche glauben, sie könnten Objekte *(ogbanje)* zutage fördern, die angeblich von unter dem Einfluß der Droge stehenden Individuen in früheren Leben vergraben wurden. Die Eingeborenen sahen sie jahrhundertelang als stark wirkendes Aphrodisiakum und Stimulans an, das offenbar die Muskelkraft verdoppelte und die Jäger befähigte, auf der Pirsch stundenlang bewegungslos zu verharren.

Der Bwiti-Mythologie zufolge verstümmelte der Schöpfergott einen Pygmäen und pflanzte dessen Geschlechtsteile in den Wald. Seine Frau entdeckte, daß Iboga-Pflanzen aus dem Fleisch ihres Mannes wuchsen. Sie wurde vom Schöpfergott angewiesen, von deren Wurzeln zu essen, damit sie mit dem Geist ihres verstorbenen Mannes kommunizieren könne, und darüber hinaus Kenntnis des Übernatürlichen erlange. Von jener Zeit an verehren die Bwiti die Iboga-Pflanze und essen von ihrem Fleisch, indem sie ihre Wurzelrinde kauen.

Als die Franzosen jene Gegend Äquatorialafrikas besetzten, schickten sie die Wurzelrinde nach Frankreich. Daraus machten die Chemiker einen unausgegorenen Extrakt, den sie als *Lambarence* verkauften. *Lambarence* wurde anfangs dieses Jahrhunderts in Westeuropa als bekanntes Allheilmittel eingesetzt und bei Krankheiten von der Neurasthenie bis zur Syphilis angewendet. Den Franzosen konnte nicht entgangen sein, was die Tradition der Bwiti über die aphrodisischen Eigenschaften der Wurzel aussagte.

Ab und zu werden andere Pflanzen (manchmal bis zu zehn) mit Iboga zusammen eingenommen. Eine der interessanteren Zusatzpflanzen ist die wolfsmilchartige *Alchornea floribunda,* die man in Liberia, Nigeria und Uganda unter dem Namen *niando* kennt. Die Wurzelrinde dieses Busches aus der Familie der Wolfsmilchgewächse wird in Palm- oder Bananenwein einlegt und seines die Libido anregenden Einflusses wegen getrunken. Neuere chemische Untersuchungen haben ergeben, daß die Wurzeln und Samen dieser Pflanzen Yohimbin enthalten, was die Verbindung von Niando und Iboga gefährlich macht, da es einen MAO-Hemmer (MAO-H) bildet.

Monoaminooxidase (MAO) ist ein Enzym, das die Aufspaltung bestimmter chemischer Überträger-Stoffe (Neurotransmitter) in den Neuronen des menschlichen Gehirns bewirkt. MAO-Hemmer verringern die Zerlegung dieser Stoffe, wodurch ihre Konzentration erheblich erhöht wird. Dies kann zu einer Hypotoniekrise mit Symptomen wie Atembeschwerden, Herzflattern, Schüttelfrost und einem krassen Absinken des Blutdrucks führen. Andere Stoffe, die diese Reaktion verstärken, sind trizyklische antidepressive Drogen, Alkohol, Amphetamine, Avocados, unreife Bananen und reifer Käse.

Chemische Beschaffenheit

Sechs Prozent der getrockneten Wurzel enthalten zwölf eng verwandte Indole, deren wichtigstes das Ibogain ist. Ibogain scheint hauptsächlich für die psychopharmakologische Wirkung der unverarbeiteten Droge verantwortlich zu sein. Diese Wirkungen lassen sich in drei Gruppen aufteilen:

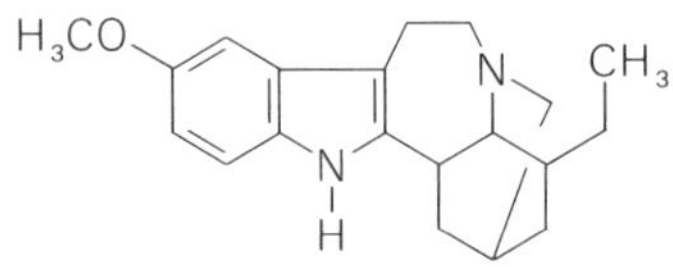

Iboga: Ibogain

1 Hemmung der Cholinesterase, was Hypotonie bewirkt und die Verdauung sowie den Appetit anregt.
2 Starke Reizung des zentralen Nervensystems, was in toxischen Dosen zu Krämpfen, Lähmung und Stillstand der Atmung führt.
3 Visuelle und andere Halluzinationen, die manchmal mit schweren Angstzuständen und dunklen Ahnungen einhergehen.

Hauptsächliche Wirkungen

Bei einer Dosierung von 300 mg Pulver aus der getrockneten Wurzelrinde empfinden viele eine leichte Übelkeit und Schwindel sowie ein Fehlen der Muskelkontrolle und -koordination. Auch kommt es zu Wahrnehmungsveränderungen. Bei geschlossenen Augen entstehen lebhafte Vorstellungsbilder, und ein erhöhtes Einfühlungsvermögen ermöglicht eine wirkliche Selbsterkenntnis und Einsichten in Beziehungen.

Zubereitung

Man kapsle 1 g getrocknete und pulverisierte Ibogawurzel in Kapseln Größe 02 ein. Diese Menge kann jemand einnehmen, der schon Erfahrung im Gebrauch von Iboga hat. Menschen, die zum erstenmal damit experimentieren, sollten mit 200 mg oder einem Fünftel der normalen Dosierung beginnen. Es darf nicht mit anderen Drogen oder Alkohol und auf nüchternen Magen eingenommen werden. Einige werden Übelkeit verspüren, manche mögen erbrechen oder eine fehlende Muskelkoordination erleben. Einige dieser Unannehmlichkeiten können durch achtzehnstündiges Fasten vor Einnahme des Ibogapulvers, und mit zwei oder drei Dramamine (Pillen gegen die Reisekrankheit) eine Stunde vorher vermieden werden.

Rituelle Anwendung

Die meisten Konzepte über Sex in Verbindung mit Magie stammen aus der frühen östlichen Tradition und dem tantrischen Buddhismus. Tantrischen Lehren zufolge enthält Sex eine Energie, welche die physische Welt verändern kann. In die westliche magische Tradition wurde Sex erstmals vom *Ordo Templi Orientis* (O.T.O.) eingeführt, einem achthundert Jahre alten Freimaurerorden mit Hauptsitz in Deutschland. Seine Mitglieder praktizierten eine Art Alchimie, einen Prozeß psychischer und physischer Transformation.

Coniunctio ist ein alchimistischer Begriff, der für die Vereinigung von Gegensätzen steht. Wenn die zu vereinigenden Gegensätze das männliche Bewußtsein und das weibliche Unterbewußtsein sind, nennt man die Vereinigung «Chymische Hochzeit». Diese Chymische Hochzeit ist ein das Selbst transzendierendes Symbol und stellt die psychische Totalität oder Ganzheit dar.

Die psycho-sexuelle Energie ist das wichtigste Element, auf dem die heutige westliche Magie beruht. Im Osten nennt man sie Kundalini oder Schlangenkraft. Sie ist der stärkste uns zu Gebote stehende Emotionsveränderer überhaupt, der sexuelle Energie in einen Selbst-Entwicklungsprozeß fließen läßt. Sie ist die Grundlage des Tantra.

Sexualmagie wird in alchimistischer Terminologie metaphorisch in Israel Regardies Klassiker über westliche Magie *The Tree of*

Life (Kapitel 16) beschrieben. Er lernte Sexualmagie während seiner Arbeit mit der okkulten Gruppe namens *The Golden Dawn* und als Kollege von Aleister Crowley kennen, der in fortgeschrittenen Jahren dem Ordo Templi Orientis vorstand. Die Riten des O.T.O. verraten ihre Herkunft aus dem tantrischen Buddhismus und sind sehr machtvoll. Aleister Crowley legte die vollkommene Formel seiner Sexualmagie sowohl im *Liber Samekh* als auch im *Liber Aleph, Das Buch von Weisheit oder Torheit* dar. In einfachen Worten ausgedrückt beinhaltet sie folgende Stufen (vorausgesetzt sind das aktive magische Wegbereiten, Eid, Bannungsriten usw.)

1 *Entdecke deinen wahren Willen.* Was ist das Ziel dieser magischen Handlung? Ist sie unbedingt notwendig und wünschenswert? Bist du in einer psychologischen Sackgasse? Ist deine Persönlichkeit stabil oder unstabil? Versuche nicht, deine niederen Wünsche mit Sexualmagie zu verwirklichen. Richtig angewendet dient sie der persönlichen Transformation.
2 *Personifiziere deine Intention, indem du ihr einen Namen gibst.* Stelle dir eine Form vor, um deinen Willen auszudrücken, und verwende entsprechende Symbole dafür. Ist es etwa dein Wunsch, eine ausgeglichene Persönlichkeit zu sein, so stelle dich dir selber vor, wie du diese entstehende Form *bist.*
3 *Reinige und weihe diese Wesenheit.* Versichere dich, daß es eine reine archetypische Form ist, die von deinen Komplexen und Vorurteilen nicht angesteckt ist. Als «Kind» ist alles Potential. Dies ist das Stadium, in dem das Vorspiel das Verlangen weckt, während die Aufmerksamkeit ständig auf das Ziel der magischen Handlung gerichtet bleibt.
4 *Visualisiere das Magische Kind bei seinem Eintritt.* Diese Visualisierung mag die Verwirklichung deines eigenen Potentials sein oder eine Vision deiner selbst in der Zukunft. Die Vereinigung der Gegensätze liefert dem «Kind» ein Fahrzeug zur Manifestation, wenn die Zeit der Schwangerschaft vorbei ist. Es kommt zu einer synergetischen Wirkung, wenn beide Partner die Erschaffung

des Kindes vor Augen haben. Ihre Visualisierungen sollten so übereinstimmend wie möglich sein, um das beste Ergebnis zu erreichen. Diese Invokation erzeugt einen Kraftstrom, psychische Energie, die dir hilft, deinen Willen zu manifestieren.

5 *Vollziehe die Ehe mit einem goldenen Ring.* Dies ist ein Euphemismus für den Höhepunkt oder Orgasmus. Der Augenblick gerade vor dem Orgasmus führt durch einen psychisch sehr offenen, ozeanischen Zustand; es ist ein sehr wirkungsvoller Zeitpunkt, um das Unterbewußte neu zu programmieren. Du kannst dich jetzt ändern, genauso, wie Gewohnheiten durch Selbsthypnose verändert werden können. Sorgfältige Kontrolle der Aufmerksamkeit in diesem Augenblick ist entscheidend. Laß deine Gedanken zu dieser Zeit nicht herumwandern, auch in regelmäßigen sexuellen Beziehungen nicht, denn der Gedanke, der in diesem Augenblick gedacht wird *hat die Tendenz, sich zu manifestieren!*

6 *Verzehre die Eucharistie (die geweihte Substanz).* Die Kraft des Geschlechtsakts ist auf einen materiellen Körper übergegangen, der durch die vermischten Körpersäfte beider Partner symbolisiert wird. Diese Sexualsekrete einnehmen heißt, daß man die Qualitäten aufnimmt und verdaut oder integriert, die das Magische Kind als Vereinigung der Geschlechter darstellt. Es ist Teil von einem selbst, mit seinem Gegenteil verbunden und wiederum man selbst geworden. Es ist wiederauferstandene Liebe.

Es gibt höhere und niedere Formen der *coniunctio* auf dem Weg der psychologischen Transformation. Im Frühstadium findet die Vereinigung mit dem Schatten statt. Das bedeutet die Wiedervereinigung von Geist und Körper und heilt unsere kartesianische Dualität, das heißt, die kulturelle Spaltung in Körper und Geist. Darauf folgt die Wiedervereinigung mit der Anima oder dem Animus (unserer gegengeschlechtlichen Natur), und dann die Vereinigung mit dem höheren Selbst. Diese letzte *coniunctio* führt zu einer spirituellen Wiedergeburt durch die Erfahrung der «einen Welt», in der Körper, Seele und Geist wiedervereint sind.

Man muß sehr vorsichtig sein, wenn man Sexualmagie betreibt! Die Kriterien für alle übrigen Transformationsriten sind auch hier zu beachten, einschließlich der Frage nach der absoluten Notwendigkeit. Gewöhnlich ist dies nicht der Fall, und die Augen des leidenschaftlichen Aspiranten sind größer als sein Magen. Wörtliche Ausübung der Sexualmagie auf der physischen Ebene kann zu einem krassen Mißverständnis dessen führen, was ein innerer psychologischer Prozeß sein sollte. Hab acht, die einzelnen Wahrnehmungsebenen – die körperliche, emotionelle, psychologische und spirituelle – nicht untereinander zu verwechseln.

Denke daran, daß du bekommst, um was du bittest (d.h. den Gegenstand der Invokation), es kann aber sein, daß du dir in Form von karmischen Auswirkungen und unvorhergesehenen Konsequenzen sehr viel mehr einhandelst als das, womit du gerechnet hast!

Anmerkung zur Vorsicht

Normale Mengen können Übelkeit, Erbrechen und Kreislaufstörungen bewirken. Krämpfe, Lähmungen und Stillstand der Atmung kommen bei einer Überdosis vor. Man sollte es nicht verwenden, wenn man zu niederem Blutdruck neigt oder eine zarte Gesundheit hat. Ebenso sollte man es nicht zusammen mit Nahrungsmitteln einnehmen, die die Bildung von MAO-Hemmern fördern.

Iboga ist eine der Pflanzen, die Tiere essen, um *high* zu werden. Man sagt, daß Gorillas, Wildschweine und wilde Bären in Gabun und dem nördlichen Kongo es sehr mögen. Die Eingeborenen berichten, wilde Bären würden die Wurzeln ausgraben und essen, «nur um in wilder Raserei umherzuspringen, vielleicht weil sie vor entsetzlichen Visionen fliehen».

Ein Kraut aus Fidschi für das Dharana –
die Beherrschung der Gedanken

Kawa-Kawa

Familie

Piperaceae (Pfeffergewächse).

Botanische Beschreibung

Piper methysticum Forst.

Synonyme

Rauschpfeffer, Awa (Hawaii), Yaona, Wati.

Geographische Vorkommen

Polynesien, Sandwich Inseln, Südseeinseln.

Standorte

Wächst am besten bis 300 m über Meer in kühlen, feuchten Hochlandgegenden oder Wäldern. Wo die Temperaturen im Sommer um 30 °C erreichen und genügend Sonne hinkommt, wächst es dicht und bis 6 m hoch.

Botanische Beschreibung

Der einheimische Strauch wird einige Meter hoch, hat herzförmige Blätter mit sehr kurzen Dornen an der Blattstengelbasis, die dicht mit Blüten bedeckt sind. Der Stengel ist dichotomisch, d.h. zweigabelig und gefleckt. Es ist eigentlich nur der obere Teil des Rhizoms, der verwendet wird; dieser ist stärkehaltig und hat einen zarten, angenehmen Geruch und einen scharfen, bitteren Geschmack.

In Fidschi werden fünf Arten angebaut, drei weiße und zwei schwarze. Die weißen gelten als die besseren, reifen jedoch ein Jahr nach den schwarzen. Die schwarzen Sorten werden für den Handel vorgezogen.

Geschichte

Kawa-Kawa hat eine lange Geschichte von religiöser und spiritueller Bedeutung im Leben der Menschen. Eine sehr schöne Legende, die die Beziehung des Menschen zur Sonne, zum Himmel, zum Wasser und zur Erde zusammenfaßt, findet sich in meinem Buch *The Magical and Ritual Use of Herbs*. Diese alchimistische Hochzeit von Feuer, Wind, Wasser und Erde steht mit der *anderen* Seite der Seele in Beziehung, mit dem *göttlichen Wesensteil* des sterblichen Ich.

Die Geschichte und chemische Beschaffenheit von Kawa-Kawa verraten, daß man seine euphorisierenden Eigenschaften am besten mit ausgewählten Gästen (oder Liebespartnern) teilt, weil es die Gefühls-Zentren anregt. Warmherzige Gefühle entstehen zwischen den Beteiligten, und deshalb hat man Kawa-Kawa als heiliges Symbol verwendet, um besondere Gäste und Freunde willkommen zu heißen.

Chemische Beschaffenheit

Aktive Bestandteile des Kawa-Kawa sind die sechs harzhaltigen Alpha-Pyrone Kawain ($C_{14}H_{14}O_3$), Dihydrokawain, Methysticin ($C_{15}H_{14}O_5$), Dihydromethysticin, Jangonin ($C_{15}H_{14}O_3$) und Dihydrojangonin. Keine dieser Substanzen ist wasserlöslich, sofern sie nicht emulgiert wird. Sie lösen sich aber in Alkohol, Ölen und anderen Fettlösungsmitteln (einschließlich den Verdauungssäften).

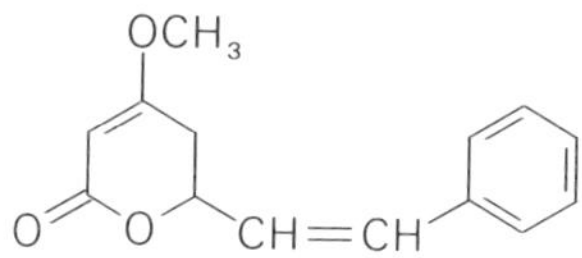

Kawa-Kawa: Kawain

Hauptsächliche Wirkungen

Kleine Mengen bewirken Euphorie; größere Mengen führen zu außerordentlicher Entspannung, einer Lethargie der unteren Gliedmaßen und schließlich zum Schlaf. Kawa-Kawa schränkt die geistige Wachsamkeit nicht ein. Oft kommt es zu visuellen und auditiven Halluzinationen, die zwei bis drei Stunden andauern und nicht zur Erschöpfung führen. Kawa-Kawa ist dem Marihuana insofern ähnlich, als seine sehr subtile Wirkung die ersten paar Male nicht wahrgenommen wird. Seiner betäubenden Wirkung wegen wird später der Mund empfindungslos, eine Empfindungslosigkeit, die der durch Kokain bewirkten gleicht.

Zubereitung

Der gerade unter der Erdoberfläche befindliche Teil der Kawa-Kawapflanze erreicht zwischen 2 und 4 Jahren einen Durchmesser von 8 bis 13 cm. Nach 6 Jahren wiegt die Wurzel ganze 10 kg, nach 20 Jahren 50 kg. Nach der Ernte schabt man die Wurzelstöcke ab, zerschneidet sie in Stücke und breitet sie flach zum Trocknen an der Sonne aus.

Nach altem Brauch bereitete man einen Tee aus der Wurzel zu. Wenn die wasserlöslichen Stoffe freigesetzt waren, wirkte er als milder Stimulans und schwaches Tonikum. Kaut man den Stoff zuerst, spuckt ihn dann in eine Schale und vermischt ihn mit Kokosnußmilch, dann werden stärker wirksame, Betäubungsmitteln ähnliche Harze in der Emulsion frei. Um die größte Wirkung zu erzielen, mische man 1 Unze (28 g) Kawa-Kawa mit 10 Unzen Wasser (oder Kokosnußmilch), 2 Eßlöffeln Kokosnuß- oder Olivenöl und 1 Eßlöffel Lezithin. Gut mischen, bis die Flüssigkeit milchig wird. Diese Menge reicht für 1 bis 2 Personen aus.

Die Harzstoffe können mit Isopropylalkohol (zum Einreiben) in einem Wasserbad gelöst werden. Der Alkohol verdunstet einfach. Dann nochmals in gerade genügend warmem Cognac, Rum, Wodka oder Honig auflösen. Diese Methode ist wirksamer, weil die Harzstoffe mit dem Alkohol schnell im Körper verteilt werden.

Rituelle Anwendung

Für die Sexualmagie-Rituale des tantrischen Yoga sind Gedankenbeherrschung und Visualisierung erforderlich. Das Yoga der Gedankenbeherrschung heißt *Dharana* oder Konzentration. Die Visualisierung nennt man *Dhyana*. In beiden bleibt der Geist auf *ein* Ziel gerichtet.

Wenn wir versuchen, unseren Geist zu konzentrieren (etwa durch die Wiederholung eines Wortes), so wird unsere Aufmerksamkeit immer wieder vom Gegenstand unserer Meditation abgelenkt. *Dharana* entwickelt die Fähigkeit, sich auf einen Gegenstand zu konzentrieren. Kawa-Kawa ist ein ausgezeichnetes Aphrodisiakum, das man als Hilfe verwenden kann, um in dieser Übung Vorstellungsbilder und Gedanken entstehen zu lassen. Wenn der Körper sich in einem wohligen Wachzustand befindet, kann die Aufmerksamkeit über eine fortgesetzte Zeitdauer auf eine geistige Übung oder Visualisierung gerichtet bleiben. Schweift der Geist ab, so kehre sanft und so oft als nötig zur Meditation zurück.

Die Aufmerksamkeit festzuhalten ist der einzige Weg, um Sinne und Geist in diesem Yoga der «Selbst-Versenkung» still werden zu lassen. Die Aufmerksamkeit wendet sich nach innen; die Gedanken werden gezügelt und die Sinne fließen nicht in die Welt hinaus. Dies führt zur Seligkeit.

Im Tantra werden die inneren mit den äußeren Wonnen verbunden. Zuerst wird die innere Konzentration so vervollkommnet, daß in der Verbindung der Meditation mit den Freuden des Geschlechtsaktes die niederen Begierden die Persönlichkeit nicht mehr überfluten. Die tantrischen Sinnenfreuden gehören fünf Gruppen an: 1) schöne Formen und Farben, angenehm für die Augen; 2) bezaubernde Töne oder Melodien für die Ohren; 3) köstliche Speisen, um den Gaumen zu erfreuen; 4) wohlriechende Düfte; und 5) angenehme Körperempfindungen in der Berührung. Die Konzentration auf irgendeine unserer Sinneswahrnehmungen ruft den umherschweifenden Geist zu einem Brennpunkt zurück.

Östliche Yogis üben Dharana auch, indem sie sich auf die Seele eines Meisters konzentrieren oder auf äußere Objekte wie die Sonne, den Mond oder die Planeten. Man kann auch die inneren Zentren oder Chakren betrachten. Es ist ebenso möglich, das eigene Selbst zu betrachten, um die Kraft der reinen Erkenntnis ohne Hilfe der Sinne oder der äußeren Wirklichkeit kennenzulernen. Dies nennt man den Selbst-Verwirklichungsprozeß, der als Nebenprodukt verschiedene okkulte Kräfte zutage fördert. Im Dharana sind diese okkulten Fähigkeiten nicht so wichtig wie die Vervollkommnung der Fähigkeit, den Geist zur Ruhe zu bringen.

Es gibt fünf verschiedene Ebenen der Konzentration der Aufmerksamkeit. Auf der ersten schweift der Geist umher, und die Gedanken lösen sich ständig auf und zerstreuen sich. Die zweite Ebene ist ein Zustand der Lethargie, Verwirrung und Vergesslichkeit. Auf der dritten Ebene entwickelt der Geist eine zeitweilige Beständigkeit. Die Aufmerksamkeit sammelt sich für Momente und zerstreut sich wieder. Schließlich ist die Aufmerksamkeit auf ihr Ziel gerichtet, was zu einem disziplinierten Geist führt, der sich willentlich konzentrieren kann.

Hier nun eine wichtige Reihe von Dharana-Übungen.

1 Bringe deinen Geist dazu, sich auf ein einzelnes, einfaches, imaginiertes Objekt zu konzentrieren. Die fünf *tattwas*, die jedem der Elemente entsprechen, sind dafür sehr geeignet: ein gelbes Quadrat – die Erde *(prithivi);* ein rotes Dreieck – Feuer oder Licht *(tejas);* eine silberne Mondsichel – Wasser *(apas);* eine blaue Scheibe – Luft *(vayu)*, und ein schwarzes Oval – Geist *(akasha)*.

2 Wenn es dir leicht fällt, dich auf diese einfachen Formen zu konzentrieren, fährst du mit einer Kombination einfacher Formen fort. Versuche beispielsweise, dich auf ein schwarzes Oval in einem gelben Quadrat oder eine silberne Mondsichel im schwarzen Oval zu konzentrieren.

3 Wenn dir diese zweite Stufe gut gelingt, fahre weiter, indem du einfache bewegte Objekte visualisierst, etwa ein schwingendes Pendel oder ein sich drehendes Rad. Versuche zu diesem Zeitpunkt nicht, dir lebende Objekte vorzustellen.

4 Fahre nun mit einer Verbindung bewegter Objekte fort. Als Beispiele könnte man einen Flaschenzug oder ein Getriebe oder Kolben nennen. Du kannst auch deine eigene Tinguély-Maschine erfinden, um das Gesetz von Ursache und Wirkung zu illustrieren. Das Endziel dabei ist die Vision der *Maschine des Universums.* Während dieser Übungen muß der Geist wach sein und sich unbedingt auf das gewählte Objekt beschränken. Keinem anderen Gedanken darf Einlaß in das Bewußtsein gewährt werden. Die bewegten Gefüge müssen regelmäßig und harmonisch sein. Notiere sorgfältig die Dauer der Versuche, die Anzahl und Art der eindringenden Gedanken, die Tendenz des Objekts selber, vom ihm bestimmten Kurs abzuweichen und jede andere möglicherweise auftretende Erscheinung. Es ist sehr wichtig, Überanspannung zu vermeiden.

5 Fahre fort, indem du dir lebende Objekte vorstellst. Am besten visualisiert man eine Person, die man kennt und schätzt. Das bereitet uns auf die Visualisierung unseres tantrischen Partners als symbolischem Vertreter der göttlichen Universalkräfte vor.

6 Zwischen diesen Übungen kannst du versuchen, dir Objekte für die anderen Sinne vorzustellen und dich auf diese zu konzentrieren. Versuche beispielsweise, dich an den Geschmack deiner Leibspeise zu erinnern, an den Duft deiner Lieblingsblume oder deines Lieblingsparfüms, an das Gefühl von Samt oder weicher Haut, den Klang einer tönenden Glocke oder eines rauschenden Wasserfalls.

7 Versuche schießlich, alle Gegenstände aus den Sinnen auszuschließen und hindere jeglichen Gedanken daran, im Geiste aufzusteigen. Zur Hilfe sammelst du deine Aufmerksamkeit im sogenannten *dritten Auge,* dem Ajna Chakra hinter den Augen, der Hirnregion der Hypophyse und Zirbeldrüse. Wenn du das Gefühl hast, bei diesen Übungen einigen Erfolg zu verzeichnen, bist du voraussichtlich bereit, sie in einem feierlichen tantrischen Sexualmagischen Ritual anzuwenden.

Ihr könnt eure rituelle Erfahrung mit Hilfe jeder Übung steigern. Zum Beispiel könntest du dich dafür entscheiden, deine Stirn mit einem *tattwa* oder einer Kombination von *tattwas* zu schmücken, die deine elementaren Eigenschaften symbolisieren. Man könnte den Ritus mit einem allumfassenden Gefühl für den eigenen Standort im großen kosmischen Plan, der sich in ständigem Fluß relativer Bewegung befindet, beginnen. Wenn du mit deinem Partner verschmilzst, *seid* ihr die göttlichen, in ewiger Umarmung vereinten Kräfte von Shiva und Shakti. So erschaffen Geist und Materie das Universum. Dann werdet ihr zu einer Welle im Ozean des reinen Bewußtseins, die über die Welt der Sinne hinausgeht.

Anmerkung zur Vorsicht

Ständiges Kauen von Kawa-Kawa löst mit der Zeit den Zahnschmelz auf. Ständiges und übermäßiges Einnehmen der frischen Wurzel mit Alkohol kann nach mehreren Monaten zur Gewöhnung führen und zu einer Gelbfärbung der Haut, zu blutunterlaufenen und schwachen Augen, zu Abzehrung, Durchfall, Ausschlägen und einer schuppigen, geschwürigen Haut. Hört man auf, so verschwinden diese Symptome innerhalb von zwei Wochen wieder.

Die chemische Zusammensetzung von Kawain wirkt zudem oberflächenbetäubend, ganz ähnlich wie die Kokainalkaloide. Auf den Inseln werden Kawa-Kawablätter oft auf Schnitte und Prellungen gelegt, um Infektionen vorzubeugen und die Heilung zu beschleunigen. Die Kawa-Kawa-Pyrone haben antibakterielle Eigenschaften, die sie gegen Gonokokken und Kolibazillen wirksam machen.

Ein Aphrodisiakum, das Empfängnis und Fruchtbarkeit fördert und Sterilität aufheben soll.

Alraune

Familie

Solanaceae (Nachtschattengewächse).

Botanischer Name

Mandragora officinarum.

Synonyme

Satansapfel, Mandragora, Liebesapfel, Dudaim.

Geographische Vorkommen

Sie ist in Südeuropa heimisch, besonders im griechischen Mittelmeerraum und in der Gegend von Rom. Man sollte sie nicht mit dem Maiapfel *Podophyllum peltatum* verwechseln, der in den Vereinigten Staaten wächst.

Standorte

Unbebaute Äcker und steiniges Ödland. Sie kann an warmen Orten in Gärten angebaut werden, überlebt aber strenge Winter nicht.

Botanische Beschreibung

Sie hat eine große braune Wurzel (wie ein Pastinak), die 1 bis 1,2 m in den Boden reicht. Die Wurzel ist dick und oft zweigeteilt wie Beine. Sie hat einen kurzen Stiel, der an der Spitze eirunde Blätter trägt. Ihre Früchte sind fleischige, orangenfarbene Beeren. Die Alraunenart *Mandragora autumnalis* wächst auf der Insel Rhodos im Winter und bringt wunderbare malvenfarbige und lila-weiße Blüten hervor. Die Frucht, der goldrote Liebesapfel, reift im Mai.

Geschichte

Die Alraune oder Mandragora, ein Knollengewächs mit purpurnen Blüten und Wurzeln, die oft dem menschlichen Körper ähneln, war das bekannteste Aphrodisiakum der Alten Welt. Der früheste Niederschlag des Glaubens an die Kraft der Alraune als Aphrodisiakum und Empfängnishilfe findet sich in der folgenden Bibelpassage:

> «Ruben ging aus zur Zeit der Weizenernte und fand Liebesäpfel auf dem Felde und brachte sie heim seiner Mutter Lea.
>
> Da sprach Rahel zu Lea: Gib mir von den Liebesäpfeln deines Sohnes einen Teil.
>
> Sie antwortete: Hast du nicht genug, daß du mir meinen Mann genommen hast, und willst auch die Liebesäpfel meines Sohnes nehmen? Rahel sprach: Wohlan, ich laß ihn diese Nacht bei dir schlafen um die Liebesäpfel deines Sohnes.
>
> Da nun Jakob des Abends vom Felde kam, ging ihm Lea hinaus entgegen und sprach: Zu mir sollst du kommen; denn ich habe dich erkauft um die Liebesäpfel meines Sohnes. Und er schlief die Nacht bei ihr.
>
> Und Gott erhörte Lea, und sie ward schwanger und gebar Jakob den fünften Sohn»
>
> *Genesis 30:14-17*

Im *Alten Testament* wird die Alraune nur noch einmal erwähnt:

> «Es duften die Liebesäpfel,
> vor unsern Türen sind köstliche Früchte,
> frische zusammen mit jährigen;
> die habe ich, mein Geliebter, dir aufgespart.»
> *Das Hohelied Salomos 7:14*

Das hebräische Wort *Dudaim* ist im *Hohelied Salomos* als *Alraune* übersetzt worden. Das Wort *Dudaim* bedeutet eine Frucht mit einem süßen und angenehmen Duft, die beim männlichen Geschlecht begehrt war. Das Wort ist wahrscheinlich von *Dudim* (die Freuden der Liebe) abgeleitet und wurde als *Äpfel* übersetzt. Die Alraune schätzte man zudem im alten Griechenland und Rom ihrer betäubenden Eigenschaften wegen, und sie wurde als Narkosemittel bei «Operationen» verwendet.

Eine Legende, die irgendwann im Rom des zweiten Jahrhunderts ihren Ursprung hat, warnt davor, Alraunen aus dem Boden zu ziehen; wer immer das tue, würde unter den unheilbringenden Folgen dieser Tat leiden. Der Dämon, der in der Wurzel wohne, würde geweckt, und seine durchdringenden schrillen Schmerzensschreie seien so schrecklich anzuhören, daß sie den, der sie geerntet habe, auf der Stelle töteten. Die rituelle Handlung wird weiter so beschrieben, daß man mit der Spitze einer Weidenrute drei Kreise um die Pflanze ziehen und mit einem schwarzen Faden die Pflanze an das Halsband eines weißen Hundes binden solle, so daß man vor dem Teufelszauber sicher sei, wenn das Tier sie aus dem Boden ziehe.

Man hielt dafür, die Wurzel der Alraune weise Ähnlichkeit mit der menschlichen Gestalt auf. Magisch gesehen gibt es männliche und weibliche Alraunen. Die weibliche Form mit der gegabelten Wurzel, die wie ein Paar Menschenbeine aussieht, ist die begehrteste. Die männliche hingegen hat eine einzige Wurzel. Es ist die weibliche Form, die im Mittelalter (in Deutschland und Frankreich) zu kleinen Menschlein zurechtgeschnitzt wurde, von denen man glaubte, sie würden Glück und Reichtum bringen.

Chemische Beschaffenheit

Die vor allem wirksamen Komponenten sind Scopolamin (Hyoscin), Atropin, Hyoscyamin und Mandragorin. Diese Tropane bremsen alle den Parasympathikus. Chemisch ist die Alraune ähnlich zusammengesetzt wie der Stechapfel und außerordentlich reich an Mandragorin, einem hochwirksamen Betäubungs- und Schlafmittel ($C_{17}H_{27}O_3N$).

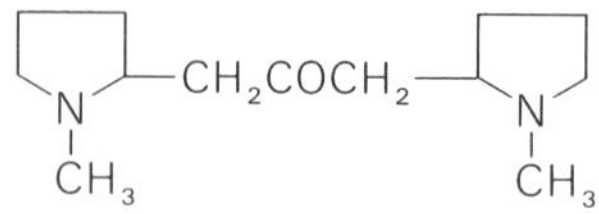

Alraune: Mandragorin

Hauptsächliche Wirkungen

Die Alraune bremst den Parasympathikus, wirkt halluzinogen und schlafférdernd. Die meisten Betäubungsmittel bewirken eine niedere Alpha- und Alpha-Spindel- Hirnwellentätigkeit, ähnlich jener, die im REM-Schlaf oder im Traum auftreten. Dieser Rhythmus läßt keinen Tiefschlaf zu, obschon er das Hirnwellenmuster in einen traumartig-visionären Zustand absinken läßt, was in der Magie der Erfahrung der Astralebene entspricht.

Zubereitung

Die Wurzel wird pulverisiert und in kleinen Mengen in Wein gemischt, und zwar gewöhnlich weniger als 30 g davon. Sowohl die Früchte als auch die Wurzel wurden als Ingredienzien für « Flugsalben » verwendet, jene psychedelischen Präparate, die die Hexen im 15. Jahrhundert angeblich benutzten, um auf ihren Besen in die Astralebene zu fliegen.

Rituelle Anwendung

Die Alraune wird hauptsächlich ihrer Ähnlichkeit mit der Menschengestalt wegen als Aphrodisiakum betrachtet. Von den beiden sich unterscheidenden Arten der Liebesmagie verwendet die erste allgemein verbreitete Amulette oder Arzneien, die angeblich bei allen wirken und die ihrer charakteristischen Merkmale, ihrer Form, ihres Geschmacks oder einfach ihres ins Auge springenden Symbolgehalts wegen gewählt werden. Diese Art beachtet beispielsweise die wertvollsten Ginseng-Sorten (die ebenfalls der menschlichen Gestalt ähneln) oder die Ähnlichkeit der weiblichen Geschlechtsorgane mit der Auster.

Die Tatsache, daß die Alraune ihrer den Parasympathikus bremsenden chemischen Eigenschaften wegen beinahe ein Anaphrodisiakum ist führt dazu, daß man sie eher für sexuelle Phantasien als die körperliche Aktivität in Betracht zieht. Sie fördert astrale Phantasien, und ihre diesbezügliche Verwendung hat Tradition. Hier liegt der Ursprung der berühmten Hexengeschichten, die am Sabbat auf ihren Besen zu Orgien fliegen. Sie erlebten Astralreisen, während derer ihre unterdrückte Sexualität sich lebhaft bemerkbar machte. Das galt als böse, weil Sex «satanisch» war.

Heute sieht man die Alraune nicht mehr als dämonisch an, und der Sex ist nicht mehr satanisch. Weil sie keinen Tiefschlaf zur Folge hat, eignet sich die Alraune für jene veränderten Bewußtseinszustände, in denen luzide oder *Wachträume* sehr nahe an der Bewußtseinsoberfläche auftreten. Zu oft sind wir uns unserer innersten Gefühle nicht bewußt, nehmen die verborgenen Teile unserer Persönlichkeit nicht wahr und haben keinen Kontakt mit unseren unbewußten Emotionen. In dieser Beziehung sind wir als Persönlichkeiten psychologisch den Menschen des Mittelalters sehr ähnlich.

Wir können über Träume mit uns selbst und manchen unserer tiefstliegenden Gefühle in Berührung kommen. Auf dieser Ebene können Träume die Grundgefühle, Werthaltungen, Lebenseinstellung und Art und Weise entschleiern, mit der wir mit Gefühlsproblemen umgehen. Die auftauchenden Symbole sind individuell verschieden und persönlich und hängen von der Lebenserfahrung des einzelnen ab. Zum Inhalt gehören die *Stimmung* des Traums und die Gefühle, die darin auftauchen. Ein sexueller *Wachtraum* kann bei gleichbleibender Stimmung und Konzentration nach dem Einnehmen der Alraune vorprogrammiert werden.

Traumsymbole verkörpern unsere Gedanken aus dem Wachzustand eher verstärkt, als daß sie sie zu unserem Schutz verhüllen. Dich darin zu üben, deine Träume zu erinnern und umzusetzen, kann eine angenehme und hilfreiche tägliche Übung sein und sollte nicht zu einer selbstquälerischen Suche nach Sünde und Schuld verzerrt werden. Probleme aufzudecken, die wir nicht bewußt wahrhaben wollten, kann positive Korrekturhandlungen auslösen. Es kann dadurch zur Anerkennung von Gefühlen führen, die wir zu unterdrücken versuchten, und uns schließlich dazu bringen, sie anzunehmen, ja vielleicht sogar sie zu kontrollieren oder zu kanalisieren.

In kleinen Dosen eingenommen bewirkt die Alraune einen leichten, schlafähnlichen Trancezustand mit sehr luziden Träumen. Die Wirkung hält einige Stunden an. Versuche sofort nach dem Aufwachen, sei es mitten in der Nacht oder am Morgen, den Traum, den du eben gehabt hast, festzuhalten. Fasse ihn schriftlich zusammen, und zwar sowohl den Inhalt wie die Stimmung. Überdenke, welche Gefühle du während des Traumes hattest, und was du jetzt im Wachzustand fühlst.

Quäle dich bei diesem ersten Traum nicht mit einer tiefgründigen Analyse seines Symbolgehalts; freue dich einfach darüber, daß du ihn eingefangen hast. Wenn du über seinen Inhalt nachsinnen willst, tu es; das Ziel der ersten Übung ist jedoch einfach die Erfahrung, daß du jetzt mit einem Teil von dir in Berührung gekommen bist, dem du wahrscheinlich bisher wenig Beachtung geschenkt hast. Je größer die Selbstbewußtheit oder vertiefter das Selbstverständnis, umso bessere Liebende werden wir. Die Alraune hält deine Aufmerksamkeit nahe genug an der Bewußtseinsoberfläche, um die Berührung zwischen dem bewußten und unterbewußten Selbst zu einer recht wirklichkeitsnahen Erfahrung zu machen.

Anmerkung zur Vorsicht

Wegen der Tropane kann die Alraune das Herz schädigen. Das parasympathische Nervensystem baut eine Toleranz den Tropanen gegenüber auf; daher benötigt man mehr Alraunenpulver, um die gleiche *Wirkung* zu erzielen. Die Wirkung auf das Herz nimmt aber *nicht* ab, und es kann schweren Schaden nehmen. Die Alraune ist außerordentlich giftig.

Von der Alraune läßt sich mit Äthylalkohol ein Extrakt herstellen. Damit kann man Rauchwaren herstellen, indem man gewöhnliche oder Kräuterzigaretten in den Extrakt taucht und an der Luft trocknen läßt.

Das wichtigste Seuxalstimulans Brasiliens

Muira-Puama

Familie

Oleaceae (Ölbaumgewächse).

Botanischer Name

Lirimosa ovata.

Synonyme

Keine.

Geographische Vorkommen

Im Amazonasgebiet Brasiliens und im Orinoko-Becken.

Standorte

Wälder und Dschungel.

Botanische Beschreibung

Ein kleiner, 2 bis 4 m hoher Baum. Wurzeln und Rinde sind leicht rosa und ähneln dem Erdbeerbaum.

Geschichte

Die Eingeborenen des Amazonasgebietes und des Orinoko-Bekkens kauen die Rinde oder stellen ein hochwirksames Gebräu aus Wurzel und Rinde her. Nach ihrem Standardrezept kochen sie 2 bis 4 Eßlöffel des geraspelten Holzes etwa 15 Minuten in ½ l Wasser. Jeder trinkt dann eine Tasse der gefilterten Flüssigkeit 1 bis 2 Stunden vor dem Geschlechtsverkehr.

Chemische Beschaffenheit

Muira-Puama enthält ein unbekanntes Harz, das stark stimulierend auf das zentrale Nervensystem und die Libido wirkt. Das Harz ist nicht wasserlöslich; deshalb ist Kochen in Wasser und es über den Magen aufzunehmen nicht die wirksamste Art.

Hauptsächliche Wirkungen

Zwei Stunden nach Einnahme der rohen Pflanze in Kapseln laufen einem kalte Schauer die Wirbelsäule entlang, ähnlich wie bei der Yohimbin-Rinde. Obschon die Wirkung subtiler ist als bei Yohimbin, war sie für über 70 % der Menschen, die die Rinde oder Wurzel in einem Kontrollversuch einnahmen, eindeutig wahrnehmbar.

Zubereitung

Es ist besser, 4 Eßlöffel pulverisierte Muira-Puama-Rinde 15 Minunten lang in ¾ l siedendem Wodka auszukochen. Heiß absieben und 1 oder 2 Likörgläser etwa 1 Stunde vor dem Geschlechtsverkehr trinken.

Die Wirkstoffe des Harzes lassen sich durch Beigabe von heißem Isopropylalkohol (oder einem anderen Alkohol) lösen. Die Mischung filtern und das Lösungsmittel in einem Doppelkocher oder Wasserbad verdunsten lassen. Das übriggebliebene Harz wird eingesammelt und im Eiskasten kühlgestellt. Ein etwa erbsengroßes Kügelchen kann eineinhalb Stunden vor dem Geschlechtsverkehr in den Mund genommen werden und sollte sich im Speichel gelöst haben, bevor man es hinunterschluckt. Manche rauchen auch die Rinde, aber sie ist ausnehmend scharf. Außerdem ist es unangenehm, sie zu kauen, weil Holzsplitter gerne im Hals steckenbleiben. Das Pulver wird oft eingekapselt, wegen der Suspension des Harzes im Wasser und den Verdauungssäften jedoch schlecht absorbiert.

Rituelle Anwendung

Muira-Puama ist für die Reflexion, die Selbst-Einschätzung nützlich. Verhaltensmuster zu verstehen kann ein wichtiger Schritt in der eigenen Entwicklung sein. Selbstverständnis führt dazu, daß wir uns selbst und mit anderen wohler fühlen. Muira-Puama erhöht die Sinnlichkeit ebenso wie die Sexualität. Es gibt verschiedene Arten von Liebe und Liebenden auf der Welt. Zu welchem Typ gehörst du? Wenn wir erregt sind, drücken wir die uns angeborene Art stärker aus.

Das Wissen um die verschiedenen Kategorien von Liebe und Liebenden ist eine Hilfe, wenn man der sexuellen Begegnung eine tiefere Bedeutung geben will. Durch die Kenntnis der Typen können wir von vornherein wissen, was uns erwartet, sowohl was uns betrifft, als auch andere. Charakteristische Muster oder Rollen bilden sich in allen menschlichen Beziehungen heraus. Diese Muster zu verstehen ist nützlich, um sich im Wechselspiel von Liebe und Sex zu orientieren. Trinke deinen Likör und stelle folgende Betrachtungen an:

Die Griechen unterschieden drei Arten von Liebesbeziehungen, *eros*, *philia* und *agape*.

Eros war den Philosophen gemäß eine persönliche, emotionelle, leidenschaftliche Liebe. Sie konnte auf körperlicher Anziehung beruhen, aber auch aus einem inneren psychologischen Bedürfnis entstehen. Die sexuelle Komponente ist in unserem zeitgenössischen Bewußtsein so vorherrschend geworden, daß *erotisch* heute sexuell bedeutet. *Philia* bedeutet brüderlich-schwesterliche Liebe, was sich im Namen der Stadt Philadelphia spiegelt, der Stadt der Bruderliebe. Sie beinhaltet Kameradschaft, geschlechtslose Zuneigung und Fürsorge und wird heute als platonische Liebe bezeichnet. Es ist die Zuneigung von Menschen, die zusammen arbeiten und gemeinsame Interessen haben. Diese Art der Liebe überträgt sich auch auf Lebensformen außerhalb des Menschlichen und auf unbelebte Objekte. Zum Beispiel lieben manche Menschen Tiere, Pflanzen, Steine, ihren glänzenden neuen Wagen oder ihre Seidenkleider.

Agape ist eine erhabene Form der spirituellen oder kosmischen Liebe. Sie bedeutet jenes allumfassende Gefühl der Einheit, das gar nichts ausschließt. Diese Art der Liebe wurde lateinisch auch *caritas* genannt und später in mehreren englischen Bibelversionen als «Barmherzigkeit» übersetzt. Sie findet ihre beispielhafte Darstellung in der Liebe des religiösen Schülers für den Lehrer und im Mitgefühl des Lehrers für den Schüler.

In der römischen und mittelalterlichen Kultur des Christentums wurde *eros* zu *amor*, der romantischen Liebe und Werbung, dem Verliebtsein um der Liebe willen. Sie verlor an Lüsternheit und Körperlichkeit. Körperliche Begierden wurden im Latein zur *libido*, was Siegmund Freud schließlich als einzigen Ausdruck für die Urenergie, deren sexuelle Natur er erkannt hatte, verwendete. *Caritas* wurde zum religiösen Konzept, der Liebe Gottes zum Menschen.

Die östliche Betrachtung der Formen der Liebe wird in einer traditionellen indischen Aufzeichnung als *die fünf Stadien der Liebe* beschrieben. Durch diese Stadien muß ein Suchender in seiner Beziehung zum göttlichen Wesen, das dem eigenen Selbst innewohnt, hindurchgehen.

Das erste Stadium

Hier ist das wichtigste Merkmal ein absoluter, liebender Gehorsam, wie beispielsweise der eines Dieners zu seinem Herrn.

Das zweite Stadium

Dieses Stadium der Liebe ist in der Form der Freundschaft zu finden und bedeutet eine Beziehung zwischen Ebenbürtigen. Wir gehen zu Beziehungen über, in der wir die Darsteller unseres inneren Transformationsspiels beim Vornamen nennen.

Das dritte Stadium

Diese Phase ist in ihrem Wesen mütterlich. Der Schüler kultiviert und nährt das göttliche Kind in seinem Innern.

Das vierte Stadium

Man verhält sich wie vermählt; die Vereinigung zwischen zwei Individuen findet sowohl körperlich als auch spirituell statt. Dies ist ein Stadium der Intimität, der mystischen Hochzeit.

Das fünfte Stadium

Diese Liebe ist leidenschaftlich, gesetzwidrig und bewegt sich außerhalb der Grenzen der normalen Gesellschaftsstrukturen. Einer solchen Liebe gab man sich hin, um die transzendente Natur dieser Hingebungsart zu betonen, die völlig aus den gewöhnlichen Kategorien und Formen gesellschaftlichen Verhaltens und gesellschaftlicher Bedingungen herausfällt.

Gehen wir noch weiter nach Osten, so werden in den konfuzianischen Schulen Chinas das Wesen und die Verhaltensregeln der fünf hauptsächlichen Arten gesellschaftlicher Beziehungen im einzelnen beschrieben.

Eine Liebesbeziehung:
  zwischen Vater und Sohn.
Eine korrekte und ehrerbietige Beziehung:
  zwischen älteren und jüngeren Geschwistern.
Eine Beziehung pflichtbewußten Gehorsams:
  zwischen einem Herrscher und seinen Minister-Ratgebern.
Eine Beziehung der Loyalität und Zuneigung:
  zwischen zwei Freunden.
Eine eheliche und familiäre Beziehung:
  zwischen einem Mann und einer Frau.

Wenn wir in unserer weltweiten Betrachtung der Formen der Liebe den Kreis schließen, gelangen wir zu einigen zeitgenössischen westlichen Definitionen. In seinem Buch *The Styles of Loving* beschreibt John Alan Lee sechs verschiedene Gefühls- und Verhaltensmuster, über welche Menschen berichteten, deren Liebesbeziehungen er untersuchte.

1 *Erotisch Liebende*
Bei diesen Typen schlägt die gegenseitige Anziehung gewöhnlich augenblicklich ein. Sie gehen bald, nachdem sie einen eventuellen Partner gefunden haben, miteinander ins Bett und suchen in dieser Erfahrung körperliche Erfüllung. Erotisch Liebende lassen sich vorwiegend durch die körperliche Schönheit anziehen, und persönliche und intellektuelle Qualitäten sind von zweitrangiger Bedeutung. Sobald ein geeigneter oder williger Partner gefunden ist, wird der Wunsch nach Intimität akut. Dieser Typ neigt zu Selbstbewußtheit, ist vertrauensvoll und bereit, sein Ideal in vielen oberflächlichen Beziehungen zu suchen. Im allgemeinen sind Menschen dieses Typs weder bedürftig noch besitzergreifend und haben auch keine Angst vor dem Alleinsein.

2 *Spielerisch Liebende*
Diese sind gewöhnlich verspielt; für sie sind Sex und Liebe erholsame Beschäftigungen, ähnlich wie Sportveranstaltungen. Sie neigen dazu, gefühlsmäßig losgelöst zu bleiben und ziehen es vor, daß ihre Partner sich nicht zu sehr an sie binden.

Liebende dieses Typs unterhalten oft mehrere Beziehungen gleichzeitig und sorgen dafür, niemanden zu oft zu sehen, weil dies am Ende ihre Möglichkeiten der Verspieltheit einschränken könnte, was sie fürchten. Sie haben die sprichwörtliche *Playboy*-Mentalität.

3 *Aus Zuneigung Liebende*
Dieser Typ ist erdgebundener, in ihm entwickelt sich die Liebe langsam, leise und ohne große Leidenschaft. Es ist die freundschaftliche, beinahe platonische Liebe, die zwischen Menschen

entsteht, die in nahem Kontakt miteinander arbeiten oder leben. Die Erfüllung der Beziehung wird verschoben, bis es klar ist, daß Heirat, Heim und Kinder das Ziel der Vereinigung sind. Sie stehen im Gegensatz zur Intensität des *Eros* und der Verspieltheit des *Ludus*.

4 *Manisch Liebende*
Dieser Typ erlebt die Höhen und Tiefen des Ozeans der Liebe. Er neigt dazu, sich im Verlangen nach der oder dem Geliebten aufzuzehren, schwebt auf unglaublichen Höhen, wenn die Dinge gut gehen, und fällt dann den Tiefen der Verzweiflung anheim, wenn der Partner nicht erwartungsgemäß zu reagieren scheint. Diese Menschen leben auf einer emotionalen Berg-und-Talbahn, voller Leidenschaft, Eifersucht und Besitzgier. sie haben keine Kontrolle über ihre Gefühle und sind von der Liebe *besessen*. Sie sind eher wie erotisch Liebende, aber weniger stabil und unabhängig. Dieser Typ des Liebenden kommt am häufigsten vor.

5 *Pragmatisch Liebende*
Dieser Typ befaßt sich mit praktischen Dingen und läßt den Kopf sein Herz bestimmen. Hier wählen zwei Menschen einander gewöhnlich aufgrund ihrer Verträglichkeit. Gemeinsame Interessen, gemeinsamer Hintergrund und ähnliche Persönlichkeiten sind die Dinge, die zählen. Tiefe Gefühle der Liebe und Hingabe können sich mit der Zeit entwickeln, aber die wichtigste Überlegung ist eine praktische Heirat. Die meisten Ehen gründen auf dieser Art der Bindung.

6 *Agape Liebende*
Dieser Typ des Liebenden sucht selbstlos und altruistisch zu sein, indem er persönliche Wünsche für ein höheres Ideal aufgibt. Er strahlt vollkommenes Mitgefühl und Altruismus aus und verlangt nichts vom Geliebten. Dieser Typ kommt am seltensten vor; die Liebe hat in seinem Fall aufgehört, ein Suchtmittel zu sein, und eine wahre Beziehung zwischen zwei Seelen kann entstehen.

Anmerkung zur Vorsicht

Obschon keine Vergiftungen beim Gebrauch von Muira-Puama bekannt sind, sollte man Vorsicht walten lassen und abklären, ob eine allergische Reaktion auf das Herz besteht. Eine Untersuchung auf Allergie kann man vornehmen, indem man die Haut mit einer sterilisierten Nadel aufritzt und ein wenig Muira-Puama auf den Kratzer legt. Dieser sollte mindestens 1 cm lang sein und nicht bluten. Wenn innerhalb von 60 Minuten unliebsame Reizungen auftreten, hast du höchstwahrscheinlich unerwünschte Reaktionen auf das Kraut entwickelt.

Es gibt eine Anzahl anderer Pflanzen in der Familie der Oleaceae, die für den Handel bedeutend sind. Beispielsweise wird das Öl aus den Samen der *Ximenia americana* vor dem Ziehen in faule Zähne geträufelt, um die Entfernung zu erleichtern (Westafrika).

Ein heiliges Aphrodisiakum, um an den Tabernakel zu treten

Kalmus

Familie

Araceae (Aronstabgewächse).

Botanischer Name

Acorus calamus.

Synonyme

Magenwurz, Deutscher Ingwer; bachh (Hindu), racha (Vedisch), shih ch'ang pu (Chinesisch).

Geographische Vorkommen

Europa, Asien, China und Nordamerika: von Nova Scotia (Kanada) bis Minnesota, und nach Süden bis Florida und Texas (USA).

Standorte

Sumpfland, Fluß- und Teichufer. Man sieht ihn gewöhnlich in Röhrichtbeständen und zwischen anderen Lilienblütlern.

Botanische Beschreibung

Eine mehrjährige Pflanze, die ein wenig der Iris ähnelt, mit einem horizontalen, kriechenden Wurzelstock, der 1 ½ m lang werden kann. Von der echten Iris unterscheidet er sich durch die sonderbar gekräuselten Blattränder und ihren würzigen Duft, wenn man sie verletzt. Die Blätter sind schwertförmig und werden 60 und 180 cm hoch. Dreikantige, irisähnliche Stengel wachsen an der Basis der äußeren Blätter und tragen zylindrische stumpfe, von winzigen grünlich-gelben Blüten übersäte Ähren oder Blütenkolben.

Geschichte

Der Kalmus wird seit über zweitausend Jahren von den Chinesen, den Nakhi-Zauberern West-Yünnans und in der ayurvedischen Medizin als Heilmittel bei Bronchitis, Asthma und Fieber verwendet. In China nimmt man die Wurzel ein, um Verstopfung und Schwellungen zu lindern.

Die Verwendung der Wurzeln dieser Pflanze als Medizin war auch unter den amerikanischen Indianern in Kanada und den Vereinigten Staaten weitherum verbreitet. Man trank einen Absud der Wurzel, die frische Wurzel wurde gekaut, oder man pulverisierte und rauchte sie. In Nordamerika verwendete man Kalmus wie in Südamerika die Kokastrauchblätter *(Erytroxylon coca)*. Beide Pflanzen nimmt man ein, um Müdigkeit abzuwehren, Hungergefühle zu unterdrücken und die Vitalität zu steigern.

Die Cree Indianer in Alberta kauten ein 2 ½ bis 5 cm langes Stück Wurzel, um Müdigkeit zu überwinden; ein 25 cm langes Stück wurde gekaut, um Halluzinationen und ähnliche Bewußtseinszustände hervorzurufen. Walt Whitman schrieb in seiner Sammlung *Grashalme (Leaves of Grass)* fünfundvierzig Balladen unter der Überschrift *Calamus*.

Kalmus war auch Ingredienz eines Salböls, das Moses auf seinen Körper aufzutragen geheißen wurde, um an den Tabernakel zu treten:

«Und der Herr redete mit Mose und sprach:

Nimm zu dir die beste Spezerei: die edelste Myrrhe, 500 Lot,

und, Zimt, die Hälfte soviel, 250, und Kalmus, auch 250,
und Kassia, 500, nach dem Lot des Heiligtums,
und Öl vom Ölbaum ein Hin.

Und mache ein heiliges Salböl nach der Kunst des Salbenbereiters.»

Exodus 30:22-25

Chemische Beschaffenheit

Das ätherische Öl des Kalmus enthält die psychoaktiven Stoffe Asaron und Beta-Asaron. Diese sind die nonamin-Vorläufer des TMA-2, eines Phenäthylamins (Benzoläthylamin), das zehnmal so potent ist wie Meskalin.

Eine andere mögliche Quelle des Arasons ist die wilde Möhre Zentralasiens *(Daucus carota)*. Asaron wird im Körper durch Aminierung zu TMA-2 umgewandelt, was kurz nach der Einnahme geschieht.

Kalmus besteht zu etwa 1,5 bis 4,5 % aus einem bitteren, flüchtigen Öl. Dieses Öl enthält 70 bis 80 % Asaron und Beta-Asaron, der Rest sind Eugenol, Pinen, Camphen und Caryophyllen.

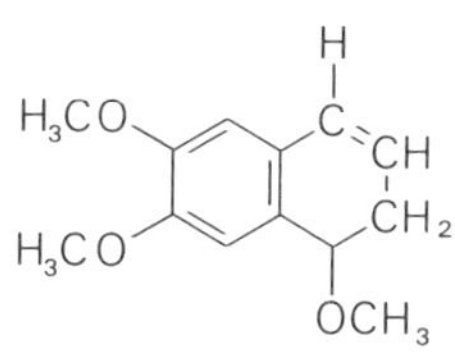

Kalmus: Asaron

Hauptsächliche Wirkungen

Kalmus ist ein *Stimulans*, wenn man 5 cm der getrockneten Wurzel in Bleistiftdicke kaut und ein *Halluzinogen*, kaut man über 25 cm davon.

Zubereitung

Die getrocknete Wurzel schmeckt ganz ähnlich wie Ingwer, somit wird sie gewöhnlich auf diese Weise verwendet. Die Zunge wird fünf bis zehn Minuten nach dem Essen gefühllos. Ein übliches Rezept für ein Tonikum ist, 1 Unze (28 g) Kalmuswurzel in ½ l Wasser zu kochen. Täglich vor dem Essen trinken.

Asaron wird auf nüchternen Magen schneller in TMA-2 umgewandelt. Die Wurzel verdirbt mit der Zeit. Sie sollte nicht mehr verwendet werden, wenn sie über zwei Jahre alt ist. Das Asaron hat sich dann verändert und ist wirkungslos geworden.

Rituelle Anwendung

In der ganzen Geschichte und in verschiedenen Kulturen ist die Auffassung verbreitet, daß wir mindestens den zehnten Teil unseres Lebens irgendeiner Form der *Atemkontrolle* widmen sollten, um ein gedeihliches und gesundes Leben zu führen. Sogar Institutionen wie die Amerikanische Ärztegesellschaft empfehlen bestimmte Aerobic-Übungen, die sie für eine gesunde Lunge, ein gesundes Herz und einen gesunden Kreislauf als notwendig erachten. Manche Menschen erreichen dies durch Joggen und Schwimmen, während andere sich etwa in T'ai Chi üben.

Pranayama ist kein neuer Gedanke. Er beginnt für uns alle mit dem Klaps, der den ersten Atemzug des neugeborenen Kindes auslöst. Die Atemkontrolle ist die Grundbedingung und erste Stufe im tantrischen Yoga. Pranayama hilft die Aufmerksamheit auszurichten und entwickelt die Fähigkeiten aller Sinne, nämlich Wahrnehmung, Gehör, Tastsinn, Geschmack und Geruchsinn. Das Ziel dabei ist es, die Kraft des Atems mit der Kraft der Gedanken zu verbinden, wobei die Aufmerksamkeit auf das dritte Auge gerichtet wird.

Der yogischen Lehre zufolge versorgt uns Pranayama, die tiefe rhythmische Atmung, mit einer vermehrten Lebenskraft. In der Grundübung des Pranayama wird man unterwiesen, den Atem zwischen dem Einatmen und Ausatmen anzuhalten. Dieses kurze Anhalten des Atems fördert die Entwicklung der Konzentration. Um den Nutzen von Pranayama zu erfahren, versuche dich in folgender Übung.

1 Nimm eine der Yoga-Grundstellungen ein oder setze dich auf einen Stuhl mit gerader Lehne, die Füße flach auf dem Boden, die Hände auf den Knien. Übe am Morgen oder Abend auf nüchternen Magen. Schließe das rechte Nasenloch mit dem Daumen der rechten Hand und atme langsam und vollständig zwanzig Sekunden lang durch das linke Nasenloch aus. Atme dann durch das gleiche Nasenloch zehn Sekunden lang ein. Warte einen Augenblick, nimm die andere Hand und wiederhole das Ganze durch das andere Nasenloch. Dies macht einen Pranayama-Zyklus aus. Beginne morgens oder abends mit fünf bis zehn Zyklen und erhöhe dies nach und nach bis auf zwanzig.

2 Wenn dir dies ganz leicht fällt, erhöhe die Dauer des Ausatmens auf dreißig und des Einatmens auf fünfzehn Sekunden und halte dann den Atem länger an – aber nur so lange, daß du dich nicht unwohl fühlst.

3 Wenn dies recht leicht geht, verändere die Übung so, daß du fünfzehn Sekunden lang ausatmest, fünfzehn Sekunden lang einatmest und den Atem fünfzehn Sekunden lang anhältst.

4 Wenn du dies vollkommen mühelos und bequem eine Stunde lang tun kannst, dann übe, vierzig Sekunden lang aus- und zwanzig Sekunden lang einzuatmen.

5 Ist dies erreicht, übe zwanzig Sekunden lang aus-, zehn Sekunden lang einzuatmen und den Atem dreißig Sekunden lang anzuhalten. Wenn du dieses Stadium des Pranayama vollkommen beherrschst, kannst du dir während des Einatmens Tugenden wie Liebe, Freude, Mitgefühl und Barmherzigkeit vorstellen; ebenso denke an Übel wie Wut, Lust, Gier und Selbstsucht, wenn du ausatmest. Stell dir vor, daß du während des Einatmens die Tugenden in dich aufnimmst, und wenn du ausatmest, stößt du die Übel aus. Pranayama ist darauf angelegt, die Kundalini zu wecken und zum Aufsteigen zu den höheren spirituellen Zentren oder Chakren zu bringen. Es fördert die Konzentration und bringt inneren Frieden.

Übe Pranayama in einem gut gelüfteten Zimmer. Schau zu, daß du dich nie übermäßig anstrengst, indem du den Atem nur so lange anhältst, als es dir nicht unbehaglich wird. Erhöhe die Zeitabschnitte langsam, damit du nie außer Atem kommst und unrhythmisch Atem schluckst. Viele bemerkenswerte Phänomene werden mit der Übung von Pranayama in Verbindung gebracht, und einige mögen sich spontan bei dir einstellen. Sie sollten sorgfältig analysiert und niedergeschrieben werden, um dir zukünftige Einsichten in deine unterbewußte Natur zu gestatten. Halte dich aber nicht bei diesen Phänomenen auf. Das Ziel des Pranayama ist die Entwicklung vertiefter Konzentration.

Pranayama kann als Vorspiel zu tantrischen Sexualriten benutzt werden. Da es ein Stimulans ist, wird Kalmus dich dabei wach halten. Ein Aphrodisiakum beruhigenderer Art könnte dich während dieser Meditation in Schlaf lullen. Kalmus sollte in Dosen eingenommen werden, die eher einen kontrollierten und regelmäßigen Atem erlauben, als eine Beschleunigung zu bewirken. Denke daran, «dein Körper ist dein Tempel», und Kalmus wurde in der Tradition verwendet, um vor den Tabernakel des Herrn zu treten. Wir nähern uns diesem heiligen Boden, wenn wir unsere Konzentration nach innen wenden.

Anmerkung zur Vorsicht

Es hat sich nach einigen Versuchen herausgestellt, daß große Mengen Asaron bei Ratten zu Tumoren führen können. Dazu braucht es jedoch im Verhältnis zum Gewicht der Ratten astronomisch große Mengen.

Cachunde, ein in Indien verbreitetes Aphrodisiakum, wird in Pastillenform eingenommen. Es enthält Kalmus, Wermut, Ambra und Moschus. Es kann sogar etwas gemahlene Edelsteine enthalten und wird in Indien und China weit verbreitet als sexuelles Stimulans, gegen Nervenbeschwerden und als Lebensverlängerer verkauft.

Stechapfel

Familie

Solanaceae (Nachtschattengewächse).

Botanischer Name

Datura stramonium.

Synonyme

Amerikanischer Stechapfel, Jimson weed, yerba del diable (Teufelskraut), Engelsposaune.

Geographische Vorkommen

Er ist im Südwesten der Vereinigten Staaten, in Mexiko, Zentralamerika, Europa, Nordafrika, Indien und Asien heimisch.

Standorte

Sandiger Boden, Flachland, offene halbtrockene Matten und Straßenränder im Tiefland.

Botanische Beschreibung

Es ist eine aufrechte einjährige Pflanze, die 1,2 m hoch wird. Die Blätter sind 10 bis 15 cm lang, breit und unregelmäßig gezähnt. Die weißen oder hellblauen Blüten sind beinahe trompetenförmig. Die Pflanze bringt große, stachelige, mit glänzenden schwarzen Samen gefüllte Fruchtkapseln hervor.

Geschichte

Der Name *datura* stammt von früharabischen Bezeichnungen wie *datora* und *tatorah* ab. Frühe Sanskrit-Texte nennen diese Drogen *dhurstura* und *unmata*. Der Name «Jimson weed» geht auf Jamestown in Virginia zurück, wo Siedler die *datura* bei Abfallhaufen wachsen sahen, die von den Schiffen im Dock herrührten.

In Indien benutzten als «weltliche Damen» bezeichnete Frauen (Prostituierte), sogenannte *K.O.-Tropfen (datura metel)*, um ihre Kunden zu benebeln und zu berauben. Sie waren wahrscheinlich in diese Lebensweise hineingewachsen, weil sie die Droge schon sehr jung verabreicht bekamen. Es ist ein hochwirksames Betäubungsmittel.

Traditionelle Herstellungsarten für Hexenflugsalben verwendeten *datura stramonium* in Verbindung mit anderen Drogen einschließlich Eisenhut und Tollkirsche (vgl. Alraune). Der ganze Körper wurde mit der Salbe eingerieben, die über Haut und Schleimhäute aufgenommen wurde. Dies führte zu lebhaften Halluzinationen und Erfahrungen, die als Besenflug zum Sabbat Darstellung fanden. Diese Illusion des Fliegens ist ein klassisches Beispiel für Astralreisen, ähnlich jenen, die Carlos Castaneda in *Die Lehren des Don Juan* beschrieb, wo der «kleine Rauch» als Fahrzeug diente.

Chemische Beschaffenheit

Der wichtigste Wirkstoff ist ein Scopolamin (Hyoscin). Andere Alkaloide sind das Atropin, das Hyoscyamin, das Mandragorin und andere Tropane. Alle bremsen das parasympathische Nervensystem. Scopolamin wird heute in verschiedenen Beruhigungsmitteln und nicht rezeptpflichtigen, blutdrucksenkenden Mitteln verwendet. Als hydrobromsaures Salz wird es gegen Reisekrankheit eingesetzt.

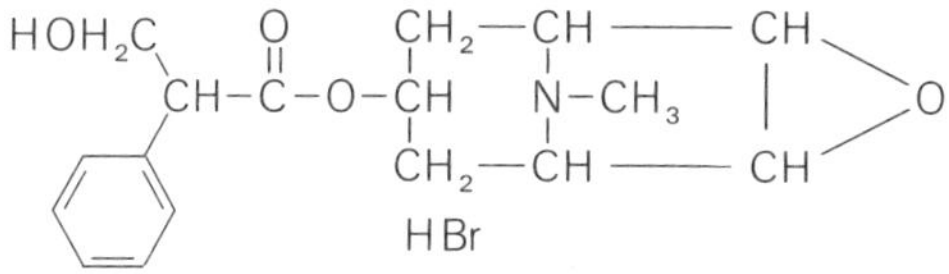

Stechapfel: Skopolamin(-Bromid)

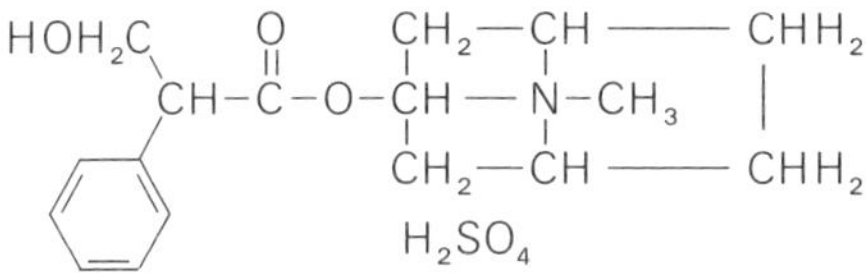

Stechapfel: Atropin(-Sulfat)

Hauptsächliche Wirkungen

Der Stechapfel bremst den Parasympathikus und ist ein Halluzinogen und Schlafmittel. Als Schlafmittel bewirkt er eine langsame, für den REM-Schlaf typische Alpha- und Alpha-Spindel-Hirnwellentätigkeit. Er verhindert jedoch den Schlaf, auch wenn er das Hirnwellenmuster in jenen Zustand herabsetzt, in dem luzide Träume auftreten.

Zubereitung

NICHT EINNEHMEN! Übermäßige Mengen können giftig sein. Es ist relativ ungefährlich, die Blätter zu rauchen. Man kann auch *cannabis sativa* darunter mischen. Eine Dosis sollte 2 g nicht überschreiten, bei einer 1 Unze (28 g) nicht überschreitenden wöchentlichen Gesamtmenge. Auch Rauchen kann in zu großen Mengen zu Ohnmachten und starken Kopfschmerzen führen.

Rituelle Anwendung

Die Vorstellung eines feinstofflichen Körpers, den der Aspirant für seine Erfahrungen auf höheren Bewußtseinsstufen erschafft, ist sehr alt. Verschiedene *Vehikel* sind für verschiedene Ebenen geeignet. Für die physische Ebene ist der menschliche Körper ideal. Für die Astralebene, den Ort, wo die luziden Träume stattfinden, ist ein imaginierter *Lichtkörper* notwendig. Diesen Astrallichtkörper kann man sich als ein genaues Abbild des physischen Körpers vorstellen, aber aus dem feineren, leuchtenden *Stoff* jener feinstofflichen Sphäre bestehend. Der Lichtkörper hat die Fähigkeit, sich scheinbar vom Körper aus Fleisch und Blut zu lösen und ohne jede Begrenzung durch den sterblichen Körper «in den Himmel zu fliegen».

Der Astralkörper behält das volle Bewußtsein des Aspiranten bei. Er bleibt über den körperlichen Tod hinaus bestehen, und in diesem Körper befanden sich die Menschen, die sich nach einem Scheintod an die «andere Seite» erinnern. Die Ägypter nannten ihn *Ka*. Aus magischer Sicht wird dieser Astralleib in der Vorstellung durch den Prozeß des Pranayama, der Atemkontrolle, erschaffen (siehe *Kalmus:* Rituelle Anwendung). Die Vorstellung eines Sternenkörpers kann man jedoch bis in die Philosophie des klassischen Griechenlands zurückverfolgen; dieser Gedanke ist also nicht ausschließlich orientalischen Ursprungs.

Es gibt verschiedene Methoden, um sich *in den Astralkörper* zu versetzen. Eine davon bedient sich einer Art aktiver *Imagination*, in welcher ein Lichtkörper erschaffen wird, bis er so wirklich wie der physische Körper erscheint. Die beiden müssen in einer außerordentlich engen Beziehung zueinander stehen. Die okkulte Tradition besagt, daß diese Körper durch eine Silberschnur miteinander verbunden sind, die wie eine Nabelschnur funktioniert. Dabei muß man jedoch die Erfahrungen im physischen und im Astralkörper sorgfältig unterscheiden. Astralreisen finden am besten innerhalb eines rituellen Rahmens statt, um damit auf bestimmte Ergebnisse zusteuern zu können.

Der erste Schritt wäre also, den Astralkörper aus deinem eigenen physischen Körper zu lösen. Du solltest damit beginnen, dir eine Form vorzustellen, die dir gleicht und vor dir steht. Versuche dir vorzustellen, wie dein physischer Körper aussehen würde, wenn du dort stündest. Das ist heikel, denn du siehst dabei nicht das Bild, das du in einem Spiegel sehen würdest, sondern die Seitenverkehrung davon. Versuche darauf, dein Bewußtsein in den Lichtkörper fließen zu lassen. Beim physischen Körper sollten die Augen geschlossen sein. Benutze die Augen des Lichtkörpers, um Dinge, die sich hinter dir befinden, zu beschreiben.

Sobald du anfängst, dich in diesem feineren Körper mehr oder minder zuhause zu fühlen, läßt du ihn aufsteigen. Ein hilfreiches Bild dafür ist ein Aufzug, in dem du immer schneller hinauffährst. Eine häufige Begleiterscheidung dabei ist ein kurzes Angstgefühl, das stark dem «Loch in der Magengrube» im Fall ähnelt. Halte deine Aufmerksamkeit auf die Empfindung des Hochsteigens gerichtet, während du versuchst, dich umzusehen. Wenn es geht, so betrachte die Landschaft um dich herum. Die Bilder werden eine besondere Qualität haben. Sie sehen nicht wie materielle oder vorgestellte Dinge aus, sondern scheinen in ihrer Beschaffenheit ein Zwischending zwischen beiden zu sein.

Nachher ist es äußerst wichtig, wieder richtig in den Körper zurückzufinden, wie fruchtlos auch immer deine Versuche, ihn zu verlassen, scheinbar gewesen sein mögen. Laß den Lichtkörper räumlich mit dem physischen Körper übereinstimmen und kehre dann wieder zur Einheit des Bewußtseins zurück. Wenn dir dies nicht richtig gelingt, kannst du psychische Schwierigkeiten bekommen. Jede richtig durchgeführte magische Handlung bringt dein Bewußtsein durch *aktive* Bemühung zum Ausgangspunkt (gewöhnlich dem Wachbewußtsein) zurück.

Wenn du im Lichtkörper bist, versuche, deine Astralhände anzusehen. Die Fähigkeit, Körperteile wahrzunehmen, gibt dir *Kontrolle* über deinen Flug, über die Bewegungen in diesem Körper. Indem du *visualisierst,* wie die beiden Körper (der astrale und der physische) nach einer Reise miteinander verschmelzen, erschaffst du dir einen *Schalter,* mit dem du dein Bewußtsein während der Visualisierungsübungen *an* und *aus*schalten kannst. In dem Maße, in dem du mehr Übung im Ein- und Austreten in den und aus dem Lichtkörper bekommst, erweitert sich dein Wahrnehmungsspektrum.

Anmerkung zur Vorsicht:

Alle Datura-Sorten können, der Tropa-Alkaloide wegen, dem Herzen schaden. Das parasympathische Nervensystem baut eine Toleranz den Tropanen gegenüber auf; umso mehr Stoff benötigt man, um wiederholt die gleiche *Wirkung* zu erzielen. Mit der Wirkung auf das Herz verhält es sich aber *nicht* so, es kann schweren Schaden nehmen. Deshalb soll man dieses und verwandte Tropane nie einnehmen. Sie sind außerordentlich giftig.

Andere Tropanhaltige Pflanzen mit ähnlicher Anwendung sind:

a Die Tollkirsche *(Atropa belladonna)*, auch Belladonna genannt. Sie wurde ursprünglich zur Erweiterung der Pupille als anziehendes Attribut verwendet, daher der Name Belladonna.

b Das Bilsenkraut *(Hyoscyamus niger)*. Wurde traditionell Flugsalben beigegeben, die man vor einem Ritual anwendete.

c Die Alraune *(Mandragora officinarum)*, auch Mai- oder Liebesapfel genannt. Man führte seine magische Kraft auf die Ähnlichkeit der Wurzelstruktur mit der menschlichen Körperform zurück.

d Eisenhut *(Aconitum napellus)*, auch Sturmhut. Galt traditionell als wichtigste Pflanze der Hahnenfußgewächse und wurde oft im Kampf gegen Vampire verwendet.

e *Mint Bidis* (indische *beedie*-Zigaretten ohne Tabak) mit den Zutaten Grüne Minze, Riesenschwalbenwurz, Stechapfel, heiliges Basilienkraut, Majoran, saure Apfelsine und *Papaval*. Mint-Bidis enthalten 65 mg Scopolamin und 16 mg Atropin pro Zigarette.

Aus allen obgenannten Pflanzen lassen sich Extrakte mit Äthylalkohol herstellen. Dann bereitet man sie zum Rauchen vor, indem man eine Tabak- oder Kräuterzigarette in die Essenz taucht und dann trocknen läßt.

Giftlattich

Familie

Compositae (Korbblütler).

Botanischer Name

Lactuca virosa.

Synonyme

Lactucarium, Lattichopium, Kompaßpflanze

Geographische Vorkommen

Süd- und Zentraleuropa und große Teile Nordamerikas.

Standorte

Lockere, fruchtbare, gut entwässerte Felder.

Botanische Beschreibung

Die zweijährige Pflanze hat einen runden, vielblättrigen Stengel, der 50 cm bis 2 m hoch wird. Der gerade Stengel ist glatt, hellgrün, und manchmal purpurn gefleckt. Die zahlreichen unteren Blätter sind groß und werden bis 45 cm lang. Die spärlichen kleinen Blätter am oberen Teil des Stengels sind wechselständig. Sie umfassen den Stengel mit zwei kleinen äußeren Kelchblättern. Die Ähren sind kurz gestielt und tragen zahlreiche hellgelbe Blüten. Die Frucht ist rauh, schwarz und ovalförmig und hat der Kante entlang einen breiten Flügel, der zu einem langen, weißen Schnabel ausläuft, in dem silberne Haarbüschel stecken.

Geschichte

Die Indianer in Nordamerika haben Lattichopium vielfach verwendet, indem sie den getrockneten Harz oder Saft der Pflanze rauchten. Sie schnitten die Blumenköpfe ab, sammelten den austretenden Saft und ließen ihn an der Luft trocknen. Das wiederholten sie über einen Zeitraum von zwei Wochen, wobei sie jedesmal nur ein kleines Stück von der Spitze abschnitten.

Chemische Beschaffenheit

Enthält einen milchigen Saft, den man Lactucarium oder Lattichopium nennt. Er enthält 0,2 % Lactucin (in der Struktur ähnlich wie Opium), 50 % Lactucerol (Taraxasterol), sowie Lattich-Milchsaftsäure, Kautschuk, ein flüchtiges Öl sowie Mannit. Manche Quellen erwähnen auch Hyoscyamin, was aber ungenügend belegt ist. Er scheint ebenfalls eine hohe Konzentration an Nitraten aufzuweisen.

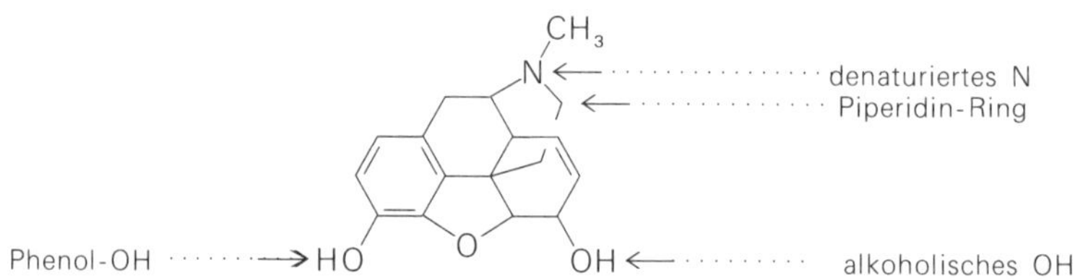

Giftlattich: Morphin

Hauptsächliche Wirkungen

Der Giftlattich ist ein schwaches Betäubungs-, Schmerz- und ein Beruhigungsmittel, das eher eine langsame Alphahirnwellentätigkeit bewirkt als Tiefschlaf. Die meisten Traumzustände finden im

REM-Schlaf statt, einem durch langsame Alphahirnwellentätigkeit gekennzeichneten Zustand.

Zubereitung

Die einfachste Methode ist, die Blätter und Wurzeln zu trocknen und sie nachher in einer großen Pfeife zu rauchen. In einer handelsüblichen Form wird das Blatt mindestens acht Stunden in Wasser (ohne zu kochen) erhitzt. Dann wird die Flüssigkeit vom Herd genommen, da Lactucarium wasserlöslich ist. Eine Infrarot-Lampe wird über die Schale mit der Flüssigkeit gestellt und ein Ventilator eingesetzt, um das Wasser aus dem Absud zu treiben. Das Ergebnis ist eine schwärzliche Gummimasse, die man am besten in einer Wasserpfeife über einem Brenner raucht.

Den Gummi sollte man in kleine Kügelchen rollen und in Plastik verschließen, um ihn vor dem Austrocknen zu bewahren. Je heißer die Flamme, umso besser die Wirkung. Eine übliche Dosis pro Person sind etwa 1 Unze (28 g) Giftlattichblätter, oder ½ bis 1 Gramm des Absuds.

Rituelle Anwendung

Es gibt nur eine schöpferische Energie – den *logos* – der sich von seiner niederen Form, der Sexualenergie, bis zur höchsten spirituellen oder göttlichen Kraft manifestiert. Dies ist die wahre Bestimmung des Menschen: sein Bewußtsein immer höher, auf immer spirituellere Ebenen zu heben. Um dieses höchste Ziel zu erreichen, kannst du die Erregung und Belebung deiner Nerven- und Hirnzentren beschleunigen.

Das Geheimnis ist bereits im Körper selbst vorhanden, aber in einem latenten Zustand. Es ist ein lebendiges Feuer, in der östlichen Philosophie Kundalini genannt, es drückt sich in deiner eigenen Sexualenergie aus, kann aber für spirituelle Zwecke sublimiert werden. Diese Energie ist das Bindeglied zwischen Geist und Materie.

Das Geheimnis der Sexualenergie ist nicht nur, daß sie neues

Leben durch den Akt der Zeugung hervorzubringen vermag, sondern daß sie eine andere, viel wichtigere Funktion für den Menschen erfüllt – seine bewußte Wahrnehmung Schritt für Schritt die verschiedenen Bewußtseinsstufen emporzuführen bis zur Erkenntnis Gottes.

Allein die schöpferische Energie kann dem Menschen helfen, die Spannkraft seiner subtilen Nerven- und Hirnzentren zu steigern und sein in latentem Zustand ruhendes Potential zu verwirklichen. Diese verschiedenen Stufen des Bewußtseinsaufstiegs von der Basis der Wirbelsäule bis zum Scheitel werden in verschiedenen Kulturen verschieden bezeichnet. Die Hindus nehmen sieben Chakren oder Zentren an, die man als Analogien der sieben Sprossen der *Jakobsleiter des Bewußtseins* ansehen könnte. Die magischen Ordnungen des Westens richten sich nach dem Lebensbaum aus, wobei die Sphären um die «mittlere Säule» die vier Welten oder vier Bewußtseinsebenen darstellen.

Da der Giftlattich einen schwachen Traumzustand begünstigt, kann er für jene magische Meditation genutzt werden, in welcher man «die Ebenen emporsteigt». Während dieses Vorgangs sieht sich der Aspirant stufenweise von einem Bewußtseinszustand zum nächsthöheren aufsteigen; dabei erhebt er sich von der Identifikation mit der physischen Ebene über jene mit der emotionellen und intellektuellen zur spirituellen Ebene. Dies ist sogar während des Geschlechtsaktes durchführbar, indem man im Normalzustand beginnt und sich zu immer höheren Betrachtungen aufschwingt.

1 Auf der untersten Stufe der Leiter ist der Mensch ein vorwiegend unbewußtes Wesen, das von seinen Instinkten und seinem Schicksal vorangetrieben wird. Auf dieser Ebene lassen wir uns fast wie Tiere von einem wahllosen Drang nach sexueller Entspannung leiten.

2 Wenn sich der erste Bewußtseinsschimmer in uns regt, wird unsere Unterscheidungsfähigkeit wach, und wir suchen einen

Partner, der körperlich zu uns paßt. Ist ein solcher Partner einmal gefunden, suchen wir unsere körperlichen Bedürfnisse, Wünsche und Ziele in eine gemeinsamen Ausrichtung zu lenken.

3 Wenn wir beginnen, die astralen Aspekte des Sex wahrzunehmen, bekommt unser Gefühlsleben mehr Tiefe. Das motiviert uns, einen Partner zu suchen, der gefühlsmäßig zu uns paßt, damit wir einander nähren können und gegenseitig genährt werden. Auf dieser Bewußtseinsebene erwacht das Verlangen nach Verbindung und der Familiengründung.

4 Mit einem Bewußtsein auf der kausalen Ebene des Verständnisses fühlen wir den Wunsch, einen Gefährten sowohl mit einer entsprechenden Lebensphilosophie, einer ähnlichen Intelligenzstufe, als auch mit einer körperlichen und emotionalen Übereinstimmung zu suchen. Eine solche Liebesverbindung verspricht, von Dauer zu sein.

5 Dies ist die Stufe der Selbsterkenntnis, der Selbstkontrolle oder Herrschaft über das eigene Schicksal. Auf dieser Stufe suchen wir nicht nur körperliche, emotionale und intellektuelle Entsprechung, sondern es liegt uns auch daran, jemanden zu finden, der unsere eigene innere gegengeschlechtliche Ergänzung, die Anima oder den Animus, verkörpert. Dieses Verlangen steigt tief aus unserem Inneren auf und stimmt mit den göttlichen Bewußtseinsgesetzen überein. Menschen auf der emotionalen Stufe verwechseln dies mit dem, was man Seelengefährten nennt und lassen sich dadurch leicht zu illusorischen Beziehungen mit möglichen Enttäuschungen verleiten.

6 Diese Stufe stellt die spirituelle Einheit der Mystischen Hochzeit (unio mystica) dar, die der inneren Verbindung mit dem eigenen höheren Selbst entspricht. In dieser Erfahrung entsteht ein Gefühl der Einheit mit der ganzen Welt; es ist einer der ersten Erfolge mystischer Übungen. Wir können dieses selbe ozeanische Gefühl im tantrischen Ritual erleben, das unsere Zeugungsenergie sublimiert und auf höhere Ziele als einfach Entspannung ausrichtet.

7 Die Krone der Schöpfung ist die Erfahrung des universalen Bewußtseins, die man auch Gotteserkenntnis nennt. Diese mystische Vereinigung ist die höchste Erfüllung aller religiösen Meditationsübungen. Menschen, die diesen Bewußtseinszustand erreicht haben, nennt man Meister; sie haben ihr wahres Selbst verwirklicht und sind eins mit Gott geworden.

Anmerkung zur Vorsicht

Die Homöopathie empfiehlt, daß Menschen mit Magenleiden, welcher Art auch immer, besonders aber mit Geschwüren, von allen Latticharten absehen sollten. Das ist auf die Tatsache zurückzuführen, daß alle Lattiche, einschließlich der Gartensorten, Lattichopium enthalten, das die Magenwände auskleidet und den Verdauungsprozeß hindert.

Ein Absud der Blätter dient als ausgezeichnetes Gesichtsreinigungsmittel.

Wermut

Familie

Compositae (Korbblütler).

Botanischer Name

Artemisia absinthium.

Synonyme

Absinth.

Geographische Vorkommen

Auf den meisten Erdteilen, von den Vereinigten Staaten bis Sibirien.

Standorte

Straßenränder, Ödland und in Meeresnähe.

Botanische Beschreibung

Ein seidig glänzender, mehrjähriger Halbstrauch, der aus einem hölzernen Wurzelstock wächst und viele buschige Stengel hervorbringt, die zwischen 60 cm und 1,2 m hoch werden. Die weißlichen Stiele sind vollständig von feinen, seidigen Härchen bedeckt. Die

Blätter sind ebenfalls voller Härchen und bestehen aus vielen stumpfen Lappen, die unregelmäßig grünlich- gelb gefärbt und um einen aufrechten, beblätterten Blütenstil angeordnet sind. Die Blätter und Blüten schmecken sehr bitter und haben einen eigenen Geruch.

Geschichte

Die Gattung heißt nach der griechischen Diana, der Mondgöttin Artemis, *Artemisia*. Die Pflanze genoß bei den Mexikanern einiges Ansehen; sie begingen ihr großes Fest der Salzgöttin mit einem feierlichen Tanz, der von Frauen mit Wermut-Girlanden im Haar aufgeführt wurde.

Ein alter Liebeszauber besagt, man solle am Tag des heiligen Lukas Ringelblumen, Majoranzweige, Thymian und ein wenig Wermut schneiden. Das alles soll am Feuer getrocknet, zu einem Pulver verrieben und dann in ein wenig reinem Honig und Essig auf kleinem Feuer gekocht werden. Anschließend soll man diese Mischung beim Zubettgehen einreiben und dabei folgende Worte sprechen:

«Sankt Lukas, Sankt Lukas, sei gütig zu mir,
Im Traume erscheine mein Liebchen hier.»

Chemische Beschaffenheit

Der Hauptwirkstoff ist Absinthin (ein zweiteiliges Guaranolid), dazu kommen Anabsinthin und Thujon ($C_{10}H_{16}O$). Absinthin gehört als betäubendes Schmerzmittel zur gleichen Gruppe wie Kodein und Dextromethorphan Hydrobromid (Romilar).

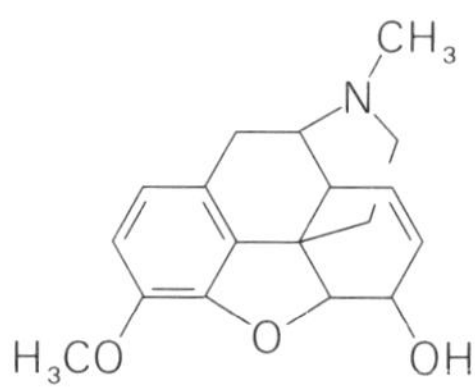

Wermut: Kodeinsulfat

Absinth ist ein grünfarbener Likör aus Wermutöl, Anis *(Pimpinella anisum)*, Majoran *(Origanum majorana)*, echtem Alant *(Inula helenium)*, und verschiedenen anderen Kräutern. Dieser Trank wirkt sowohl bei Männern wie bei Frauen fast unmittelbar aphrodisisch und auch stark betäubend.

Die maximale Dosis Thujon, die (oral) nicht tödlich ist, sind 75 mg pro kg Körpergewicht. Es ist nicht so giftig wie man sagt, da Thujon in 1 Unze (28 g) echten Absinths (von einer 75 kg schweren Person) eingenommen 50mal weniger ist als die Menge, die nötig ist, um eine minimale, durch Gifteinwirkung verursachte Reaktion hervorzurufen. Heute herrscht allgemein die Meinung, daß das schädlichste Ingredienz im Absinth nicht Wermut oder Thujon ist, sondern der Äthylalkohol.

Hauptsächliche Wirkungen

Er ist ein betäubendes Schmerzmittel, das auf die Hirnrinde wirkt und die Leistung jener zentralen medullären Hirnbereiche herabsetzt, die mit Schmerz und Angst verbunden sind.

Zubereitung

Die Pflanze wird entweder geraucht oder es wird ein Likör daraus zubereitet. Absinthin ist in Alkohol und Wasser löslich. Thujon ist eindeutig giftig und wird heute von der Regierung der Vereinigten Staaten als Gift deklariert. Bevor Branntwein, welcher Art auch immer, in den Staaten zugelassen wird, muß er *beinahe* 100prozentig thujonfrei sein. Warum *beinahe?* Weil Vermouth auch Thujon enthält. Wenn die Wermutpflanze nur im Vermouth eingelegt wird, entsteht ein schwach alkoholhaltiger Wein mit einem minimalen Prozentsatz an Thujon. Legt man aber Wermut achtundvierzig oder mehr Stunden lang in einen neutralen Branntwein ein, der daraufhin nochmals destilliert wird, so enthält dieser einen hohen Prozentsatz an Thujon. Thujon ist in nur leicht alkoholhaltigen Getränken nicht löslich. Je stärker der Alkohol, umso höher die Konzentration an Thujon.

Dieser winzige Anteil an Thujon im Vermouth ist es, der dem überall erhältlichen Martini seinen aphrodisischen Ruf verleiht. Absinth ist auf dem Markt vielerorts durch Anisette oder Pernod ersetzt worden. Pernod führt mit seinen 40 bis 50 % Alkohol nicht so schnell zum Rausch wie Absinth und schmeckt ähnlich. Außer dem Anis, der verwendet wurde, um das verbotene Wermutöl zu ersetzen, enthält es genau dieselben Zutaten, jedoch fehlt der wesentliche Bestandteil Thujon.

Rituelle Anwendung

Absinth, ein alkoholisches Gebräu aus verschiedenen Kräutern, war unter Künstlern, Schriftstellern und Dichtern der impressionistischen Bewegung im Paris des «fin de siècle» sehr beliebt. Es erwarb sich einen weiten Ruf sowohl als Aphrodisiakum wie auch als Quelle künstlerischer Inspiration. Vor dieser Zeit unterstand die Kunst der Malerei der strengen Kontrolle der Akademie mit ihren an der Klassik orientierten ästhetischen Kriterien; die Maler ahmten vorwiegend alte Renaissance-Meister nach, die ihrerseits ihre Eingebung aus dem klassischen Griechenland bezogen hatten. Die Impressionisten brachen mit diesem Stil, indem sie versuchten, das Wesen eines Anblicks in dessen Licht- und Farbenspiel einzufangen. Absinth trug dazu bei, der neuen Sichtweise dieses Kunststils ans Licht zu verhelfen.

Degas gehörte zu denen, die den Absinth tranken und kannten. Edouard Manet, der damals in der impressionistischen Bewegung führend war, ermahnte Degas zehn Jahre, bevor dieser seinen *Absinthtrinker* malte, aufzuhören, «klassische griechische Scheiße zu malen und sich darauf zu konzentrieren, nur das wiederzugeben, was das Auge sieht».

Die Impressionisten waren die erste Künstlerbewegung, die sich ausschließlich in Cafés zusammentat. Deshalb wurden Impressionismus und Absinth synomym. Die mit großen Mengen Absinth befeuchtete Wahrnehmung transponierte die Welt in eine Reihe von Punkten, Pünktchen, Klecksen, Rinnen und Flecken. Rimbaud behauptete, daß das Bewußtsein durch vorsätzliche Vergiftung sich dem Unaussprechlichen öffne. Diese Tatsache ist umstritten, jedoch setzten die betäubenden Eigenschaften zweifellos eine lebhafte Vorstellung frei, während die Beseitigung von Schmerz und Unruhe es den bedrängten Künstlern ermöglichte, einen Art Euphorie auszukosten. Wenn er Absinth trank, so erlangte der Poet angeblich die Verschmelzung aller Sinne, eine vollkommene Synästhesie, in der er sich dem Traum hingeben konnte.

Träumt der Dichter von seiner Geliebten, so ist dies gewöhnlich seine Muse oder seine Kunst, und er ist ein hingebungsvoller Liebender. Es wurde Brauch, daß die Zeit zwischen vier und sechs Uhr abends als *Stunde des Aperitif* galt, und der angemessene Aperitif, den man dabei trank, war natürlich Absinth. Der günstigste Ort, um gesehen zu werden und die Leute zu betrachten, befand sich unter den Markisen längs der Gehsteige.

Ein Kellner tauchte dann auf die Rufe « garçon, garçon! » auf. Er drängte sich durch die Menge und stellte ein leeres Glas auf den Tisch. Darin befand sich ein kleinerer Becher, der eine Unze dunklen, grünen Absinths enthielt. Er war 78prozentig und wurde als viel zu stark erachtet, um unverdünnt getrunken zu werden.

Das Ritual ging damit weiter, daß der Kellner langsam Wasser in das smaragdgrüne Elixier träufelte, bis es vom einen in den anderen Behälter überfloß. Damit veränderte sich die Farbe von einem leuchtenden Grün zu einem milchigen Schillern. Die Zeremonie ging so lang weiter, bis der Becher nichts mehr als klares Wasser enthielt. Das bedeutete, daß das Glas fünf Teile Wasser auf einen Teil Absinth enthielt. Es galt bei jedem Anlaß als der angemessene Aperitif.

Wegen der heutigen Beschränkungen bezüglich des Genusses von Absinth und wermuthaltiger Erzeugnisse kommt man dem durch den Impressionismus verkörperten Bewußtseinszustand wohl am besten durch die Würdigung der Kunst jener Zeitperiode nahe. So könntest du mit deinem oder deiner Geliebten zusammen einen Martini oder auch zwei trinken und danach durch eine Ausstellung dieser wunderbaren Gemälde schlendern. Vielleicht wäre eine Reise nach Paris an und für sich schon ein Aphrodisiakum!

Anmerkung zur Vorsicht

Übermäßiges und ständiges Absinthtrinken kann zur Gewöhnung und Schwächung führen. Die Einnahme von Thujon oder flüchtiger Wermutöle als Tinktur kann Verdauungsstörungen und Krämpfe hervorrufen, die auf das Thujon zurückzuführen sind.

Vermouth enthält heute noch Thujon. In Mengen von 10 Millionsteln ist es gesetzlich erlaubt. Absinth enthält 60 Millionstel. (Thujon ist auch in Salbei vorhanden.)

Yagé

Familie

Malpighiaceae (Familie der Kreuzblumenartigen).

Botanischer Name

Banisteriopsis caapi M.

Synonyme

Ayahuasca, Caapi, Natempinde.

Geographische Vorkommen

Im Amazonasbecken Brasiliens, an der pazifischen Küste Kolumbiens, in ganz Ecuador und Teilen von Peru.

Standorte

Regen- und Urwälder.

Botanische Beschreibung

Eine weitläufige Liane, die im Dschungel von den Bäumen herunterhängt. Die strukturierte Rinde ist etwas aufgeworfen. Die eiförmigen Blätter laufen lanzettlich aus; sie sind etwa 9 cm lang und 5 cm breit. Die Blüten in den blattachselständigen Rispen sind karminrosa. Die Blütenblätter fallen schnell ab, und die Frucht ist ein rötlich-brauner, geflügelter Same.

Geschichte

Die Indianerstämme des südamerikanischen Orinokogebietes und Amazonasbeckens benutzen Yagé in ihren religiösen Riten. Sie glauben, der dadurch erzeugte Rausch komme einer «Rückkehr zur Erde» gleich, einer Rückkehr zum Anfang aller Dinge. Diese zeremonielle Erfahrung ist eine Untermauerung der religiösen Vorstellungen der Indianer.

Die Tukanoa-Indianer in Kolumbien verabreichen die Droge heranwachsenden Knaben, um sie für den Schmerz und Schock ihrer Initiation zur Mannbarkeit zu stärken. Mit der Verwendung von *ayahuasca* bei denselben Stämmen wurde manchmal Flagellation angewendet, was eine stark sexuelle Färbung hat. In Brasilien und Peru ist Yagé Bestandteil der tief religiösen Zeremonien, die auf frühe Stammeslegenden und -mythologien zurückgehen. Peruanische Medizinmänner benutzen die Pflanze zur Diagnose und Behandlung von Krankheiten. Dieser Betäubungstrank wurde im nördlichen Südamerika weit verbreitet für Prophezeiungen, Wahrsagerei und als magisches Halluzinogen verwendet.

In einer Reihe von Untersuchungen glaubte man, Ayahuasca, Caapi und Yagé seien nicht *Banisteriopsis caapi*, sondern andere Substanzen, so etwa *Haemadictyon amazonicum* oder *Datura suaveolens*. Weitere Untersuchungen haben jedoch erwiesen, daß verschiedene Pflanzen zu *Banisteriopsis caapi* oder *Banisteriopsis inebrians* hinzugefügt wurden, um die Gesamtwirkung der Droge zu verstärken. Die Blätter der *Banisteriopsis rusbyana* enthalten eine recht hohe Konzentration an N,N-Dimethyltryptamin. Diese Mischung heißt *oco-yagé*. Die Eingeborenen fügten diese Blätter bei, um die visuellen Erfahrungen zu verstärken und verlängern.

Die Eingeborenen des Rio Napo nahmen gewöhnlich einen gemischten Extrakt aus *Banisteriopsis caapi* und *Prestonia amazonica (Haemadictyon amazonicum)* ein, weil sie glaubten, letztere Substanz unterdrücke die unangenehmeren Halluzinationen, die auf die Einnahme des reinen *Banisteriopsis caapi* folgten. Es ist denn auch ein milderer Trank, da die MAO-Hemmer die Wirkung der beruhigenden Tryptamine verstärken.

Chemische Beschaffenheit

Yagé enthält die ungewöhnlich psychoaktiven Beta-Carboline Harmin, Harmalin und D-Tetrahydroharmin. Zusätzlich zu ihrer Wirkung auf das zentrale Nervensystem haben Harmin und die verwandten Stoffe Harmalin und Harmalol im Labor sexuelle Reaktionen bei Ratten hervorgerufen, und zwar bei Gaben von 5 mg Harmin.

Kleine Dosen Harmin (25 bis 75 mg subkutan) bewirken beim Menschen Euphorie. Harmin ist in Dosen von 500 bis 700 mg wirksam, Harmalin bei Dosen von weniger als der Hälfte. Die Harmalan-Alkaloide sind am wirksamsten, wenn sie zusammen verwendet werden und nicht einzeln.

Alle Harmalan-Alkaloide wirken auf das zentrale Nervensystem. Eines von ihnen, das 6-Methoxytetrahydroharman, kommt in der Zirbeldrüse beim Menschen und auch bei Tieren vor. Man nimmt an, diese chemische Substanz sei in der Zirbeldrüse, dem sogenannten «dritten Auge», bei sehr fortgeschrittenen Yogis und anderen Meditierenden reichlicher vorhanden als üblich. Die Erzeugung dieser Substanz soll mit fortschreitender spiritueller Entwicklung zunehmen.

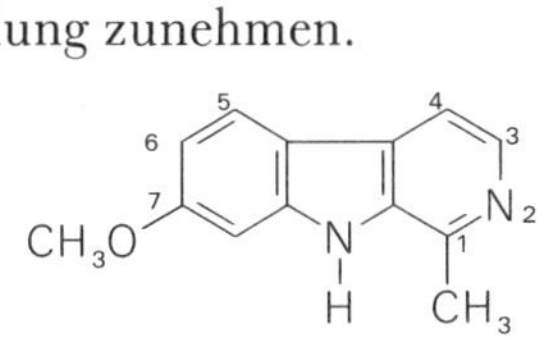

Yagé: Harmin

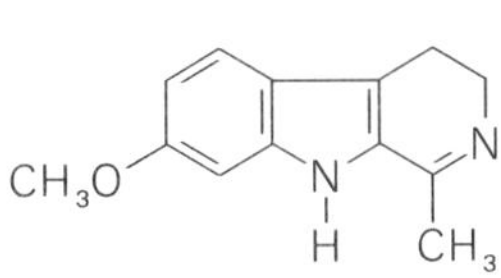

Yagé: Harmalin

Hauptsächliche Wirkungen

Die meisten empfinden Übelkeit, und einige erbrechen, bevor sich eine Wirkung zeigt, die etwa eine Stunde nach Einnahme einsetzt und bis zu acht Stunden anhält. Das Kaleidoskop-Phänomen, das für andere Indol-Alkaloide wie LSD und Psilocybin typisch ist, scheint hier nicht einzutreten. Die Umgebung wird im wesentlichen unverändert wahrgenommen. Der Hintergrund wird jedoch oft und von mehreren Vorstellungsbildern gleichzeitig überlagert. Die Bilder hinter den geschlossenen Augen sind gewöhnlich lebhaft und die Farben kräftig. Lange, traumartige Sequenzen sind ebenfalls die Regel. Zeitgefühl und Musikempfinden verändern sich nicht wahrnehmbar. Harmalan-Alkaloide sind kurzfristige MAO-Hemmer.

Kleine Mengen der Droge wirken als psychischer Energiespender und Sexualstimulans. Größere Mengen können schillernde Halluzinationen hervorrufen, ebenso die Illusion von Veränderungen der Größe von Objekten und eine außergewöhnlich gute Nachtsichtigkeit. Übermäßige Mengen haben erwiesenermaßen schon alptraumähnliche Visionen hervorgerufen und zu psychotischen Zuständen geführt.

Zubereitung

Der Stengel wird in einem Mörser zerstossen, gewöhnlich mit anderen lokalen psychoaktiven Stoffen zusammen (meist Nachtschattengewächsen). Diese werden acht Stunden lang in wenig Wasser gekocht, abgesiebt und auf 1/10 ihres ursprünglichen Volumens reduziert. Von dieser Flüssigkeit kann man eine Tasse mit 4 Unzen Fassungsvermögen (gut 1 dl) trinken. Anfänger sollten aber mit nur einem Viertel davon beginnen. Die Gesamtmenge an Harmalan- Alkaloiden in einer 4-Unzen-Tasse beträgt etwa 500 mg.

Die Harmalan-Alkaloide werden sehr schlecht über Magen und Darm aufgenommen. Schnupft man 25 bis 100 mg Harmin- Hydrochlorid, so tritt eine beinahe unmittelbare Wirkung ein. Unglücklicherweise bewirkt die Droge ein schreckliches Brennen der Nasenwände und des Halses, das tagelang Erkältungssymptome in Nase und Hals zurückläßt. Die beste Verwendungsart des reinen Alkaloids besteht darin, dieselbe Menge (25 bis 100 mg) des Stoffes unter die Zunge und zwischen Zahnfleisch und Lippen zu nehmen, wo es schnell absorbiert wird.

Rituelle Anwendung

Zeugen der verschiedenen Yagé-Zeremonien berichten über eine große *Empathie* unter den Beteiligten. Tatsächlich haben sie oft gleichzeitig dieselben Visionen. Viele haben festgestellt, daß ihre ASW-Fähikeit unter dem Einfluß der Droge sich zu verbessern schien. Dies ist ein Grund, weshalb das ursprünglich isolierte Alkaloid zuerst *Telepathin* oder *Banisterin* genannt wurde, und erst später Harmalin.

Empathische Bewußtseinszustände sind solche, in denen eine intellektuelle oder emotionale Identifikation mit einem anderen Menschen stattfindet. Es besteht eine subjektive Resonanz zwischen zwei oder mehreren Personen. Männer und Frauen kommunizieren ständig auf irgend eine Weise; jedes Wort, jede Bewegung und Handlung, jeder Tonfall und Ton teilt dem anderen etwas mit. Ob das alles wirklich übermittelbar ist, das ist eine andere Frage.

Es gibt keine Garantie, um Mißverständnisse mit einem Gefährten zu vermeiden. Eines ist jedoch sicher: Zureden, Schmeicheln, intellektuelles Geschwätz, Manipulation und wie die Katze um den heißen Brei zu schleichen sind alles Hindernisse für eine klare Kommunikation. Wenn du versteckte Mitteilungen machst, nicht wirklich sagst, was du denkst, sondern zwischen den Zeilen darauf anspielst, öffnest du dem Mißverständnis die Tür. Fehlinterpretationen entstehen, und Muster der Unaufrichtigkeit fahren sich fest.

Einer der größten Verluste, die unser voll beschäftigtes und überbeanspruchtes Leben zu verzeichnen hat, ist die Empathie. Als die feinste Form gefühlsgerichteter Kommunikation ist sie die Bemühung, Glaubenssätze, Handlungsweisen, Gefühle und Anschauungen des anderen zu verstehen, ohne sie unbedingt zu teilen. Es ist so, wie wenn jemand sich im stillen fragen würde: «Wie sieht die andere Person das? Wie fühlt die andere Person? Wie würde ich fühlen, wenn mir gesagt würde, was ich gerade zu ihr sage?»

Während Empathie keine Übereinstimmung mit der Ansicht des anderen voraussetzt, schließt sie dafür die Forderung aus: «Du mußt wie ich denken, fühlen und handeln.» Es gibt zwei Richtlinien, an die man sich bei der Entwicklung von Empathie erinnern sollte:

1 Der anderen Person zuhören und ihren Standpunkt zu verstehen suchen, anstatt eifrig die eigene Widerlegung vorzubereiten;
2 Dieses Verständnis dem Sprechenden mitteilen.

Wann immer es zu Meinungsverschiedenheiten kommt, sei dies zwischen Ehepartnern, Geschäftskollegen oder Nationen, können sie nur auf eine von drei Arten gelöst werden: Versuch einer Partei, zu dominieren (Ergebnis: Feindseligkeit, Krieg); gegenseitiger oder einseitiger Rückzug (Ergebnis: Scheidung, Isolierung); gegenseitiger Kompromiß (Ergebnis: alle gewinnen etwas).

Wenn Menschen eine befriedigendere Beziehung zueinander suchen als Angriff und Trennung, sind gegenseitiges Austauschen und Kompromisse eindeutig am vielversprechendsten. Hierfür gibt es einige Regeln, um zu verhandeln und Kompromisse bei mäßigen Reibereien und Meinungsverschiedenheiten zu schließen, bevor die Situation dafür zu ernst geworden ist.

1 Wenn ihr beide damit beschäftigt seid, getrennte Wege zu gehen und sonst zeitlich sehr beansprucht seid, dann nehmt euch Zeit für ein besonderes, formelles Zusammenkommen, das speziell dem Kompromiß-Austausch-Gespräch gewidmet wird. Wenn ein Partner die Zusammenkunft ständig verschiebt, so kann dies seine Art zu protestieren sein, oder der Konfrontation aus dem Weg zu gehen. Darüber sollte man sprechen.
2 Beide Beteiligten sollen sehr spezifisch und in positiven Worten genau ausdrücken, was er oder sie braucht, wünscht und erwartet. Habt dabei acht, ungenaue Allgemeinplätze zu vermeiden, die mißverstanden werden könnten.

3 Beginnt damit, zu sagen was ihr wollt, nicht was ihr nicht ertragt, noch ertragen wollt und könnt. Nimm deinen Teil der Verantwortung für den Zustand der Beziehung auf dich und vermeidet es, diesen rituellen Austausch als Gericht zu mißbrauchen, vor dem ihr das Verhalten des anderen verurteilt. Verstärkt positives Verhalten durch Ermutigung und haltet euch an eine Regel der «Freiheit von Schuld», indem ihr die Verantwortung nicht auf den andern abwälzt und die Schuld nur dem einen Partner zuschiebt. Jede Medaille hat zwei Seiten, und dieses Treffen dient dem Versuch, diese Unterschiede zu überdenken und zu klären.

4 Versucht nicht, die Gefühle des anderen zu manipulieren; er kann wahrscheinlich nichts dafür, wie er verschiedene Dinge fühlt. Man kann jedoch über ein Verhalten sprechen, das den anderen ärgert oder kontraproduktiv ist, wenn es die persönliche Integrität nicht verletzt. Trefft einen Kompromiß innerhalb der Situation, anstatt Gefühle auszutauschen. Gefühlserpressung kommt normalerweise sowieso wie ein Bumerang zurück.

5 Bleibt kühl und seid geduldig! Niemand wird eine stur behauptete Stellung kampflos aufgeben. Bleibt beim Thema; gleitet nicht in vergangene Streitigkeiten ab. Nehmt euch Zeit, eure Standpunkte auszutauschen und arbeitet einen Kompromiß aus. Ein beidseitiges Einverstädnis kommt vielleicht erst nach einigen Gesprächen zustande.

Eine Tasse Yagé eine Stunde vor diesen geplanten Gesprächen miteinander zu trinken ist eine Möglichkeit, die empathische Mitteilung wirklicher zu gestalten und einen besseren Erfolg zu haben. Der Gebrauch dieser Harmalan-Alkaloide befähigt einen, die Kommunikation und Wahrnehmung zwischen einem selbst und einem Geliebten zu erfahren. Es ist, als ob das kollektive Unbewußte beider Beteiligten unmittelbar erfahrbar würde. Diese Empathie war der Hauptgrund dafür, warum Yagé in verschiedenen indianischen Zeremonien, die zu einem spirituellen Zweck stattfanden, verwendet wurde. In ihrer ursprünglichen Umgebung hing das Überleben oft vom gegenseitigen guten Willen und Verständnis ab. Dasselbe trifft auf unseren modernen, städtischen Lebensstil zu.

Das typische Merkmal der Droge ist, daß sie die telepathischen Fähigkeiten verstärkt und die außersinnliche Wahrnehmung über die alltägliche Bewußtseinsebene hinaus erweitert. Solche gleichzeitig stattfindenden visionären Wahrnehmungen bringen dich jenem empathischen Bewußtseinszustand näher, der zur zwischenmenschlichen Harmonie führt.

Anmerkung zur Vorsicht

Harmalan-Alkaloide sind schwache MAO- Hemmer. (Siehe Yohimbin, Anmerkung zur Vorsicht).

Es gibt mehrere weitere harminhaltigen Pflanzen:

1 Die Steppenraute *(Peganum harmala)* findet man im ganzen Mittelmeerraum und in Teilen des Mittleren Ostens, Zentralasiens und Nordafrikas. Heute findet man sie auch in ausgedehnten Gebieten in Texas und im Südwesten der Vereinigten Staaten. Der typische türkische rote Farbstoff, jenes Pigment, das in türkischen und persischen Teppichen Verwendung findet, wird aus den Samen der Steppenraute gewonnen. (In Ägypten wird der Ölextrakt aus den Samen unter dem Namen *Zit-el-Harmel* als Aphrodisiakum verkauft.)

2 Zygophyllum *(Zygophyllum fabago)* ist in den Wüsten der Westküste der Vereinigsten Staaten zu finden. Ursprünglich in der Alten Welt heimisch, wurde es an Orten wie Ephrata im Staate Washington und Minidoka in Idaho eingeführt und setzte sich dort fest.

3 Die Passionsblume *(Passiflora incarnata)* wächst in gemäßigten Zonen überall auf der Erde. Als sie erstmals in Europa eingeführt wurde, sahen die Katholiken in ihr die symbolische Verkörperung der «Christuspassion».

Alle Samen und Blätter dieser Pflanzen enthalten die Beta-Carbolin-Alkaloide Harmin, Harmalin und verwandte Basen. Isomer-Harmalin hat man auch bei Parkinsonkranken eingesetzt. Es ist ein hochwirksamer MAO-Hemmer.

Führt beim Mann zur Erektion und erhöht die Sinnenfreude bei beiden Geschlechtern

Yohimbin

Familie

Rubiaceae (Krappflanzen).

Botanischer Name

Corynanthe yohimbe.

Synonyme

Johinbin, Quebrachin, Aphrodin, Corynin.

Geographische Vorkommen

Im tropischen Westafrika, vor allem in Kongo und Kamerun, sowie in Südamerika.

Standorte

Urwälder, niedere Höhenlagen.

Botanische Beschreibung

Ein großer Baum, der 6 bis 15 m hoch wird. Die Blätter sind 7 bis 13 cm lang, länglich und oval. Die Samen sind geflügelt.

Geschichte

Es wird traditionell von den meisten Bantu-sprechenden Stämmen als Sakrament bei heidnischen Hochzeiten verwendet; dabei wirken die Raspel der Innenrinde als Stimulans und Aphrodisiakum. Es wird nur bei Paarungsritualen verwendet. Diese orgiastischen Rituale sollen schon bis zu zehn oder sogar vierzehn Tage gedauert haben, wobei die Dosen allmählich erhöht werden.

Chemische Beschaffenheit

Die aktiven Wirkstoffe sind das Yohimbin, Yohimbilin und Ajmalin, alles Alkaloide auf Indol-Basis. Das hauptächlich vertretene Alkaloid Yohimbin kann auch als Hydrochlorid auftreten. Das macht es durch die Schleimhäute der Nase oder unter der Zuge leicht absorbierbar.

Yohimbin und Yohimbilin müssen mit der Salzsäure (dem Chlorwasserstoff) der Verdauungssäfte eine Reaktion eingehen, um löslich und im Körper umsetzbar zu werden. Yohimbin-Hydrochlorid ist auch unter dem Namen Quebrachin bekannt. Quebrachin findet man im immergrünen Quebrachobaum, der überall in Südamerika vorkommt. Es wird zur Fiebersenkung verwendet.

Die Rinde des Yohimbins, Strychnin und Methyltestosteron werden in medizinischen Präparaten miteinander verbunden (in den USA *Aphrodex* und *Potensan Forte*). Man hält ihre medizinische Wirksamkeit für beschränkt.

Yohimbin ist auch in *Niando, (Alchornea floribunda)* enthalten, einer afrikanischen Pflanze, die zu den Wolfsmilchgewächsen gehört. Die Wurzelrinde wird gewöhnlich eingeweicht und pulverisiert.

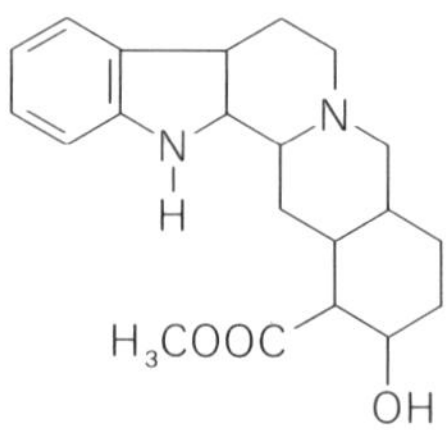

Yohimbin

Hauptsächliche Wirkungen

Yohimbin wirkt sowohl als Stimulans des zentralen Nervensystemswie auch als mildes Halluzinogen. Yohimbin ist ein sympathomimetisches Alkaloid des Indoltyps, das als cholinergisch-adrenergischer Blocker wirkt. Es ist überdies ein Serotonin-Hemmer.

Die erste Wirkung besteht in einer lethargieähnlichen Gliederschwäche und unbestimmten Unruhe, ähnlich den Anfangswirkungen des LSD. Kalte und warme Schauer laufen den Rücken auf und ab, begleitet von einem leichten Schwindelgefühl und Übelkeit. Menschen, die Drogen wie MDA (Methaldyamphetamin) einnehmen, verspüren ähnliche Reaktionen. Danach kommt es zu einem entspannten, etwas rauschähnlichen Gefühl in Kopf und Körper, das mit leichten auditiven und oder visuellen Halluzinationen einhergeht. Darauf erreicht es die Spinalganglien, was die Erektion der Geschlechtsorgane bewirkt. Diese Wirkung hält zwei bis vier Stunden an.

Zubereitung

Es gibt verschiedene Zubereitungsarten des Yohimbins. In traditioneller Weise bringt man (pro Person) 2 Tassen Wasser zum Sieden. Man mischt 1 Unze (28 g) Yohimbin dem siedenden Wasser bei, das man knapp 4 Minuten kochen läßt. Danach sollte man die Temperatur verringern und das Gebräu weitere 20 Minuten auf kleinem Feuer kochen lassen. Die Flüssigkeit absieben und etwa eine Stunde vor der erwünschten Wirkung langsam schluckweise trinken.

Wenn du 1000 mg Ascorbinsäure (Vitamin C) beifügst, wird der Rindentee als Reaktion Yohimbin- und Yohimbilin-Ascorbate bilden. Das sind sehr gut lösliche Formen beider Alkaloide. Sie sind in diesem Zustand insofern wirksamer, als sie vom Körper leichter assimiliert werden und die Möglichkeit einer Übelkeit zu verringern scheinen. Es ist auch empfehlenswert, während einer Dauer von achtzehn Stunden vor Einnahme zu fasten.

Die zweite Methode ist viel wirksamer. Lege für eine Person 1 Unze (28 g) Yohimbinrindenraspel in Äthylalkohol oder irgend einen trinkbaren Alkohol (Gin oder Wodka) 8 Stunden lang ein. Siebe die Raspel ab, gieße die Flüssigkeit auf eine Fläche und laß den Alkohol verdunsten. Du kannst die Verdunstung im Backofen bei schwacher Hitze (60 bis 120 °C) beschleunigen. Der Rückstand, der etwa 1 bis 1 ½ g wiegen dürfte, besteht dann vorwiegend aus Yohimbin-Hydrochlorid. Dieses kann geschnupft oder unter die Zunge gelegt werden. Die Wirkung ist stärker und die Reaktion tritt nach 10 bis 20 Minuten statt erst nach einer Stunde ein.

Rituelle Anwendung

Yohimbin ist das schönste Sakrament, das für eine «heidnische» Hochzeitszeremonie eingesetzt werden kann. Die Beschreibung des vollständigen Rituals kann in meinem Buch *The Magical and Ritual Use of Herbs* nachgelesen werden. Für die Feierlichkeiten wird die Rinde des Yohimbebaumes verwendet. Während diese Zeremonie rechtlich nicht gültig ist, da nur eine Ziviltrauung den rechtlichen Status besitzt, erscheint die Bindung durch den mystischen Eid entschieden stärker zu sein.

Heidnische Hochzeiten werden in einer wunderschönen alten Zeremonie gefeiert, dem «Händezusammenschließen». Der Tastsinn wird als Teil des Rituals gepflegt. Kinder in heidnischen Familien lernen von frühester Jugend an, Tiere «mit Liebe in den Händen» zu streicheln. Die Reaktion des Tieres ist ein lebendiger Maßstab für den Erfolg, und mit der Zeit hat das Kind eine wichtige Lektion gelernt. Die Fähigkeit zu heilen, zu trösten und zu lieben entwickelt sich schnell mit der zunehmenden Bewußtheit darüber, daß Gedanken durch Berührung übermittelt werden können.

Daher ist es beim Durchgangsritus der Hochzeit nur natürlich, diesen Aspekt durch das Händehalten oder Händezusammenschließen symbolisch darzustellen. Heute kann die Verbindung durch Händezusammenschließen alles bedeuten, was ein Paar darin sehen möchte, es wird jedoch so verstanden, daß das Ritual selbst psychische Kräfte in Gang setzt, die nicht rückgängig gemacht werden können. Wie es ein alexandrinischer Hohepriester ausdrückt:

«Und jetzt, während ich eure Hände verbinde, vermähle ich eure Seelen».

Die Verbindung ist dann erfüllt, wenn «den anderen finden, sich selbst finden» bedeutet, oder wenn du, durch die Wiedervereinigung mit dem unsterblichen Geliebten, dein wahres Selbst entdeckst. Laßt im Händezusammenschließen eure Körper einander im Geist durchdringen und formt daraus mit eurem geistigen Auge einen einzigen Körper. Richte deine Aufmerksamkeit zuerst einfach auf deinen eigenen Körper, indem du dein Bewußtsein auf- und abgleiten läßt und die Empfindungen deines Körpers von denen deines Partners trennst. Fühle und empfinde deinen eigenen Körper.

Als nächstes erlaube deinem Empfinden langsam, in den Körper deines Partners zu fließen und empfinde diesen Körper, als wäre er Teil deines eigenen. Nimm die Gefühle und Körperempfindungen deines Partners an, ganz gleich, wie er sich für dich anfühlt. Das wichtigste ist, daß du die Möglichkeit akzeptierst, dies zu tun.

Bringe dann plötzlich das Seinsgefühl in beiden Körpern zusammen und laß dein Bewußtsein durch beide Körper fließen, als wären sie eine einzige Form. Sieh dich, wie wenn du einen einzigen großen Körper mit vier Armen und zwei Köpfen hättest. Später, im Bett, wiederholt ihr diese Übung, aber mit einer kleinen Abwandlung. Wenn sich am Anfang eure Körper physisch miteinander verbinden, legt euch beide so zurück, daß ihr einen einzigen Körper mit je einem Kopf an beiden Enden bildet. In dieser Übung ist es wichtig, die Haltung überhaupt nicht zu verändern.

Anmerkung zur Vorsicht

Yohimbin ist ein MAO-Hemmer (Monoaminooxidase). Unter den Stoffen, deren Einnahme in Verbindung mit MAO-Hemmern gefährlich ist, sind schmerzlindernde Mittel, Beruhigungsmittel, Antihistamine, Narkotika und Alkohol in großen Mengen zu nennen. Sie alle führen zu einer Hypotoniekrise (gefährliche Senkung des Blutdrucks). Amphetamine, LSD, Kokain und Milchprodukte einschließlich reifer Käse – sie alle führen zu einer Hypertoniekrise (einem gefährlichen Bluthochdruck). Es wird allgemein empfohlen, daß *keine andere* Droge in Verbindung mit Yohimbin oder innerhalb von zehn Stunden vor der Einnahme von Yohimbin verwendet werden soll.

Librium oder Natrium-Amobarbitol blockieren die Wirkung des Yohimbin zum Teil. Die indische Schlangenwurzel *(Rauwolfia serpentina)* enthält ebenfalls Yohimbin und Indol-Alkaloide. Rauwolfia ist nicht zu empfehlen, da der Körper mindestens zwei Tage und mehr braucht, um das Reserpin umzuwandeln. Man hat keine Kontrolle darüber, wann die Wirkung einsetzen wird. Es ist ein MAO-Hemmer und ziemlich gefährlich.

Zweiter Teil

«Die erste und wichtigste erogene Zone
liegt in des Menschen Geist»

Anatole Broyard,
aus der Besprechung einer kürzlich erschienenen
Biographie über D'Annunzio

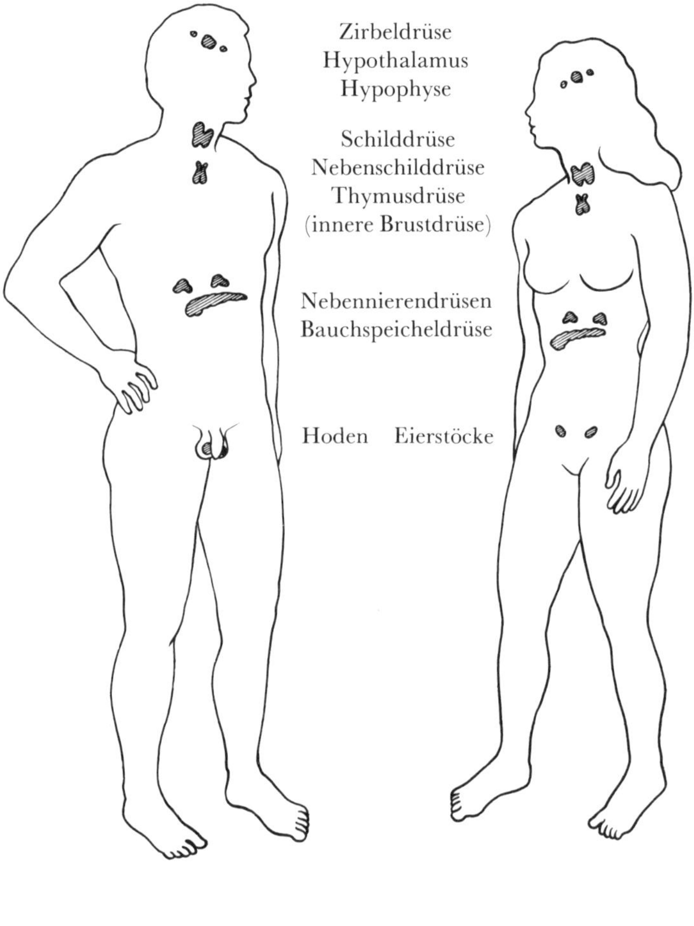
Zirbeldrüse
Hypothalamus
Hypophyse
Schilddrüse
Nebenschilddrüse
Thymusdrüse
(innere Brustdrüse)
Nebennierendrüsen
Bauchspeicheldrüse
Hoden
Eierstöcke

«Erregen» oder «in Bewegung setzen»

Hormone

Das Wort *Hormon* wurde erstmals 1904 vom englischen Physiologen Dr. Ernest Starling verwendet. Er leitete es vom griechischen Wort *erregen* oder *in Bewegung setzen* ab. Dr. Starling definierte die Hormone als chemische Zusammensetzungen, die in bestimmten Körpereinheiten, gewöhnlich den endokrinen Drüsen, gebildet werden. Man nahm an, daß sie sich über die Blutbahnen im ganzen Körper verteilen und das Wachstum, die Entwicklung und andere Körperfunktionen beeinflussen. Diese Definition wird heute noch verwendet. Um dies besser zu verstehen, betrachten wir zuerst einmal das Gehirn.

Das Gehirn

Das menschliche Gehirn ist eine grau-rosafarbene Gewebsmasse, die etwa ein halbes Kilogramm wiegt. In einigen Teilen des Gehirns sind bis zu 2,4 Millionen Neuronen auf einen Kubikmillimeter zusammengepfercht. Diese Neuronenansammlung bildet die graue Hirnmasse, und die langen Nervenfasern mit ihrer hellen Fettisolation machen die weiße Masse aus.

Die Neuronen können sich nicht regenerieren, wenn sie einmal zerstört sind. Ein Neuron, das aus Altersgründen oder durch einen Unfall verlorengegangen ist, ist für immer verloren. Wir werden grundsätzlich mit allen Neuronen geboren, über die wir je verfügen werden. Zum Glück scheint das Gehirn recht großzügig organisiert zu sein. Obschon die Neuronen in der Größenordnung von etwa tausend Neuronen pro Tag absterben, nimmt die Geistesschärfe bis in ein recht hohes Alter nicht wahrnehmbar ab.

Im Zentrum des Gehirns befindet sich das sogenannte «Stammhirn». Dieses regelt die lebenswichtigen Körperfunktionen wie Herzschlag, Blutdruck, Atmung und Verdauung. Hier entstehen primitive, instinkthafte Verhaltensmuster.

Um das Stammhirn herum befindet sich das «limbische System». Dieses Gebilde befähigt uns zu einem Verhalten in motivierter, zielgerichteter Art und Weise. Die beiden Hirnhälften sind von einer dünnen, windungsreichen Hülle, dem Neokortex umgeben (der jüngsten Errungenschaft der Evolution). Dieser Zellschicht (die nur 2,5 mm dick ist) verdanken wir unsere Denkfähigkeit, die Fähigkeit, miteinander in Beziehung zu treten und subtile Gefühlszustände wie die Liebe zu erleben.

Was verbindet den Körper mit dem Gehirn? Heute noch glaubt man, die Hormone seien an einer ganzen Reihe nicht physischer Störungen schuld. Obschon wir die Hormone mit unseren Sinnen nicht wahrnehmen, ist die wichtige Stellung, die sie im Körper einnehmen, nicht zu übersehen, etwa bei den Veränderungen, die in der Adoleszenz auftreten, und während der monatlichen Menstruationszyklen.

Der endokrine Regelkreis

Alle endokrinen (innersekretorischen) Drüsen wiegen zusammengenommen nur 2 Unzen (56 g). Das Wort *endokrin* stammt von zwei griechischen Wörtern ab, die «innere Absonderung» oder «innere Sekretion» bedeuten. Andere Körperdrüsen, etwa die Nieren und die Schweißdrüsen, sondern Stoffe über besondere Kanäle nach außen ab. Diese Drüsen nennt man *exokrine* Drüsen (äußere Absonderung).

Die durch die endokrinen Drüsen abgesonderten Hormone beeinflussen jeden Bereich der menschlichen Physiologie, vom Wachstum über den Stoffwechsel zu den Organfunktionen, der Sexualität und Fruchtbarkeit. An strategischen Stellen im Körper verteilt, arbeiten diese dreizehn endokrinen Drüsen unter der Kontrolle jener Drüse, die man *Hypophyse* (Hirnanhangdrüse) nennt.

Heute wissen wir, daß die Hypophyse inbezug auf den Teil des Gehirns, den wir *Hypothalamus* nennen, eine zweitrangige Rolle spielt. Der Hypothalamus ist im Vergleich zur Hypophyse der Komponist, und ebenso spielt die Hypophyse den Dirigenten für die anderen endokrinen Drüsen. Die Hypophyse liegt an der Hirnbasis und sondert mindestens neun verschiedene bekannte Substanzen ab. Die Hormone der Hypophyse wirken direkt auf die anderen endokrinen Drüsen und werden als *tropische* (oder *trophische)* Hormone bezeichnet – aus dem Griechischen: «drehen» oder «verändern». So heißt beispielsweise das Hormon der Hypophyse, das Veränderungen in der Produktion von Sexualhormonen in den Gonaden bewirkt, *Gonadotropin.*

Die meisten dieser aus der Hypophyse stammenden Stoffe heißen *Releasing Hormones,* das heißt sie sind chemische Substanzen, die keinen anderen Zweck haben, als die endokrinen Drüsen zur Freisetzung ihrer eigenen spezifischen Hormone anzuregen. Der Hypophyse bleibt die Aufgabe der Wachstumsregelung über das Wachstumshormon Somatotropin vorbehalten.

Die Zirbeldrüse liegt ebenfalls im Gehirn. Sie scheint lichtempfindlich zu sein, reguliert unsere natürlichen Körperzyklen und die tägliche Ebbe und Flut aller Hormone. Obzwar der Jahreszeitenwechsel diese Drüse noch beeinflussen mag, können wir doch annehmen, daß die künstliche Beleuchtung unser Verhältnis zu den natürlichen Veränderungen stark verändert, und zudem die Reaktionsweise unseres Immunsystems auf diese Auslöser beeinflußt.

Die *Schilddrüse*, die rittlings über der Luftröhre sitzt, sorgt für den Stoffwechsel (die Umwandlung von Nahrung in Energie). Diese Drüse kann mit dem Gaspedal eines Automobils verglichen werden, über welches ein Einfluß darauf ausgeübt wird, wie schnell oder langsam ein Körpersystem funktioniert. Eine überaktive Schilddrüse macht uns ruhelos, erregbar und reizbar, während eine unteraktive ein müdes, träges Gefühl erzeugt.

Die vier *Nebenschilddrüsen*, die kleinsten endokrinen Drüsen, haben alle etwa die Größe eines Reiskorns. Sie liegen neben der Schilddrüse und sorgen für den richtigen Kalzium- und Phosphorstoffwechsel.

Über den Nieren sitzen die *Nebennierendrüsen*, die (unter anderem) das Hormon *Adrenalin* absondern. Adrenalin ist für unsere *Kampf-oder-Flucht*-Reaktionen verantwortlich.

Die *Bauchspeicheldrüse* ist die komplexeste aller Drüsen. Sie erzeugt zwar vorwiegend Verdauungssäfte, produziert aber überdies in den Zellgruppen, die man *Langerhanssche Inseln* nennt, sowohl Insulin wie Glykogen zur Umwandlung von Kohlenhydraten, Proteinen und Fett.

Die *Geschlechtsdrüsen (Eierstöcke* bei der Frau, *Hoden* beim Mann) sind schließlich die letzten endokrinen Drüsen.

Die Sexualhormone

Die endokrinen Drüsen, welche Geschlechtshormone und Hormone für die Reproduktion erzeugen, sind die Hypophyse, die Nebennierendrüsen und die Gonaden (Geschlechts- oder Keimdrüsen: Hoden und Eierstöcke). Die meisten dieser Sexualhormone werden *Steroidhormone* genannt. Das Grundgerüst aller steroiden Moleküle hat eine sechseckige Form. Die kleinen Molekülgruppen, die mit einem Steroid verbunden sind, kennzeichnen es und bestimmen seine Wirkung. Nicht alle Steroide aber sind Sexualhormone.

Die Steroidhormone, die von den Gonaden und Nebennierendrüsen erzeugt werden, sind die wichtigsten Sexualhormone. Sie lassen sich in drei Hauptgruppen aufteilen – *Androgene, Östrogene* und *Progestine*. Androgen wird gewöhnlich als männliches Sexualhormon bezeichnet, weil es das beim Mann hauptsächlich erzeugte Sexualhormon ist. Das Wort *androgen* leitet sich vom griechischen Wort für «Mann» oder «männlich» ab. Alle drei treten jedoch sowohl beim Mann wie bei der Frau auf.

Zu den Androgenen gehören solch wohlbekannte Substanzen wie *Testosteron* und *Androsteron*. Die in der Pubertät erzeugten Androgene treiben die Entwicklung der sekundären Geschlechtsmerkmale voran. Sie entwickeln und erhalten zudem die Hoden und die Spermienproduktion und fördern einen gesunden Stickstoffhaushalt, der das Wachstum unterstützt und den Muskeltonus hebt. *LH-RH* (eine auf die menschlichen Hormone wirkende Substanz) ist ein luteinisierender, Hormon freisetzender Stoff, der nachweisbar die Testosteronproduktion beim Mann erhöht. Unter anderen natürlichen Quellen für diesen Stoff ist die Sarsaparillewurzel *(Smilax medica)* zu erwähnen.

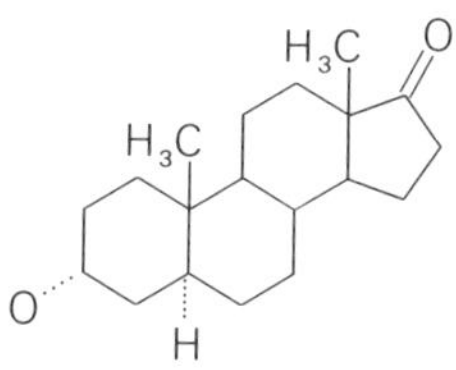

Androsteron

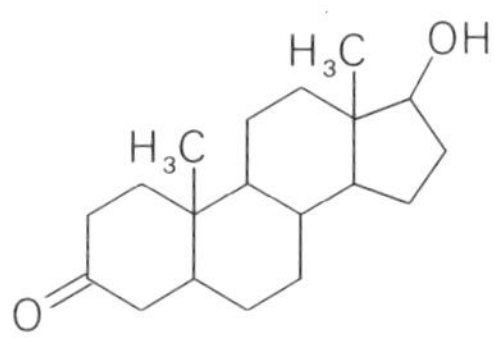

Testosteron

Testosteron ist eine wertvolle Hilfe, um die sexuelle Impotenz beim Altern zu überwinden, jene unter dem Ansturm fortschreitender Jahre natürliche Schwächung der männlichen Sexualenergie. Dieses Hormon hilft vor allem Männern mittleren Alters und darüber, deren sexuelle Potenz nachläßt. Wer unter dem gefürchteten Alterssyndrom und dem damit einhergehenden Verlust der sexuellen Kraft leidet, kann zwei bis viermal täglich eine Dosis Sarsaparillewurzelpulver von fünf bis fünzehn Gramm einnehmen.

Beim Östrogen und den Progestinen denkt man meistens an

weibliche Sexualhormone, weil sie vorwiegend bei Frauen auftreten. *Östrogen* leitet sich aus dem Lateinischen *oestrus* und Griechischen *oistros* ab, was «Raserei» bedeutet. *Progestin* kommt vom Lateinischen *pro* «für» und *gest* «Gestation» (oder Schwangerschaft). Hohe entsprechende Hormonspiegel werden mit Verhaltensweisen, die man für Frauen typisch hält, gleichgesetzt.

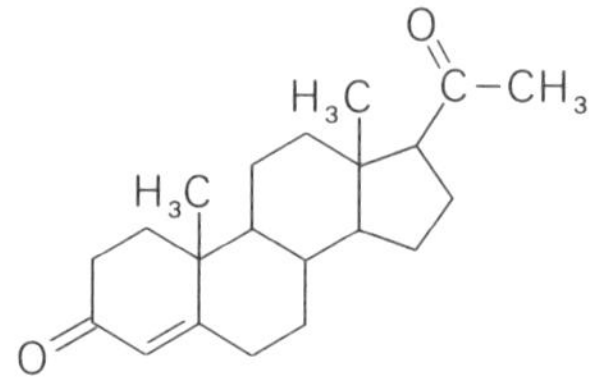

Progesteron

Bei der Frau ist die Nebennierenrinde die hauptsächliche Quelle der Androgene, obwohl diese auch in den Eierstöcken erzeugt werden können. Ebenso produzieren die Hoden beim Mann sowohl Androgene wie auch Östrogene und Progestine. Die wichtigsten Östrogene, die man bei der Frau findet, sind *Östradiol, Östron* und *Östriol.* Natürliche Östrogenquellen sind die Süßholzwurzel *(Glycyrrhiza glabra)*, und in geringerem Ausmaß Hopfenblüten *(Humulus lupulus)*.

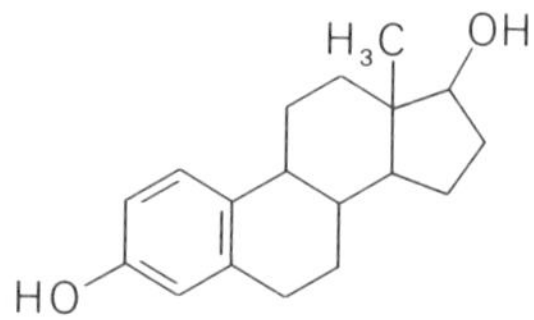

Östradiol

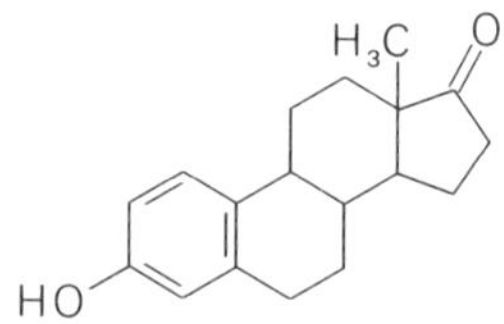

Östron

Die antirheumatische Yamswurzel *(Dioscarea villosa)* enthält ein Saponin (Dioscin). Das Aglycon des Dioscins (Diosgenin) ist eine Steroid-Base, aus der heute Progesteron und Cortison hergestellt werden. Weitere geschätzte natürliche Quellen für weibliche Sexualhormone sind die Zwergpalme *(Serenoa serrulata)*, «dong kwai» *(Angelica polymorpha*, chinesisch), und *Blütenpollen.*

Serotonin-Hemmer

Serotonin ist eine Transmittersubstanz, die der Körper in kleinen, aber notwendigen Mengen erzeugt. Eine Überproduktion kann zu unangenehmen Symptomen wie Schwindel, Erschöpfung, Übelkeit, Kopfschmerzen, Reizbarkeit, schlechter Urteilsfähigkeit und Verwirrtheit führen. Wegen unserer im allgemeinen ungesunden Lebensart ist der Serotoninspiegel bei den meisten Städtern ungewöhnlich hoch. Dieses Übermaß an Serotonin kann das normale sexuelle Verlangen und die entsprechenden Fähigkeiten sehr beeinträchtigen.

In solchen Fällen können Serotonin-Hemmer (Stoffe, die das Serotonin aufspalten) die Sexualfunktionen so wirksam wiederherstellen, daß sie oft beinahe aphrodisische Eigenschaften zu haben scheinen. *L-Dopa* wird aus *Dihydroxyphenylalanin* gewonnen und ist ein starker Serotonin-Hemmer. Obschon es in den meisten Fällen stimmt, daß Impotenz, Frigidität und vermindertes sexuelles Interesse psychologische Ursachen haben, sollte man nicht übersehen, daß psychologischer Streß den biochemischen Haushalt aus dem Gleichgewicht bringen kann.

Sexuelle Wachheit ist beim Menschen normal, kann aber durch einen Überschuß an Serotonin, der zu Streß führt, gedämpft werden. Das sexuelle Verlangen wird oft am einfachsten nicht durch Stimulierung und Reizmittel wieder geweckt, sondern durch Auflösung der Serotonin-Blockierungen, die unserer normalen Libido im Wege stehen. *Solange der Serotoninspiegel nicht auf einen normalen Pegel gesunken ist, ist mit Aphrodisiaka und Sexualverstärkern wenig zu erreichen.*

Rituelle Anwendung

Ebenso wie Tiere ein Balzverhalten haben, sind den Menschen instinktive Werbungsgewohnheiten eigen, die von den endokrinen Drüsen über die Hormone ausgelöst werden. Sie spiegeln sowohl biologische als auch psychologische Gesetze wider. Viele dieser Werbungsrituale und sogenannten Liebessignale sind direkt auf die verschiedenen Hormone und ihre Wirkung in unserem Körper zurückzuführen.

Gesten allein machen über fünfundsiebzig Prozent unserer averbalen Kommunikation und unseres averbalen Verhaltens aus. Werbung findet statt, wo immer Männer und Frauen zusammenkommen. Einige grundsätzliche Regeln zu verstehen kann außerordentlich hilfreich sein, wenn man es mit dem anderen Geschlecht zu tun hat. Die folgenden rituellen Gesten stellen nur eine kleine Grundlage dar und sollen dazu beitragen, einen besseren Überblick über diese Art der Kommunikation zu gewinnen.

1 Das klassische Hochziehen der Schultern kennt man als «Ich-gebe-Auf»-Geste. Sowohl Männer wie Frauen heben unbewußt die Schultern, wenn sie einander anziehend finden. Gewöhnlich heben die Frauen sie höher als Männer.
2 Einen «koketten Blick» wirft man dann jemandem zu, wenn man sich zu dieser Person hingezogen fühlt: man neigt den Kopf nach vorn und zur Seite. Diese Geste schließt man ab, indem man die anziehende Person direkt ansieht.
3 Betrachtet man jemandes Füße, so verraten diese dessen Stellung in der Gesellschaftshierarchie. Die Füße drücken oft automatische Reflexe aus; sie können auch Ergebenheit offenbaren. Wenn dein Chef dir auf die Schultern klopft, wirst du die Zehen deiner Füße wahrscheinlich einwärts drehen. Während er zu dir spricht, werden die Zehen seiner Füße wahrscheinlich auswärtsgerichtet sein. Sind ein Mann und eine Frau beisammen, werden beide ihre Zehen öfters einwärts drehen. Dieses Spiegeln der Gesten zeigt an, daß sie sich zusammen wohl fühlen.
4 Das Lächeln hat sich aus der «Angstgrimasse» heraus entwikkelt, dem von Primaten verwendeten besänftigenden Ausdruck (den man am deutlichsten bei Affen sieht). Ist ein Tier unterlegen, so ist Besänftigung seine beste Taktik.

5 Ein leichtes Hin-und-Herbewegen während des Sprechens hat eine besänftigende, beruhigende Wirkung, genauso wie bei Säuglingen. Es scheint das Herzklopfen zu mildern, das mit der Werbung einhergeht.

6 Die Qualitäten, die Frauen bei Männern suchen, sind nicht die gleichen, die die Männer bei den Frauen suchen. Männer halten nach einer Frau Ausschau, die körperlich anziehend ist, während Frauen bei Männern nach Zeichen von Freundlichkeit und sozialem Rang suchen. Die Männerbekleidung ist ein Teil der Werbungstaktik. So spricht beispielsweise ein Geschäftsanzug westlichen Stils Frauen an, weil sie ein Zeichen einer bestimmten sozialen Stellung ist. Wenn das Jackett dem Mann bis zu den Fingerspitzen reicht, läßt dies seinen Körper um ein Drittel größer erscheinen als er wirklich ist. Zugeknöpfte (doppelreihige) Anzüge mit Aufschlägen signalisieren eine breite Brust.

7 Die Kleider und das Make-up der Frauen sollten die Aufmerksamkeit des Mannes erwecken, indem sie jugendliche Züge und körperliche Anziehung unterstreichen. Frauenblusen haben zum Beispiel Puffärmel, weil dies die willfährige Haltung der hochgezogenen Schultern andeutet. Das hat zur Folge, daß man sich einer Frau leichter nähert. Ihre hohen Absätze sind ein noch eklatanteres Signal für die Werbung. Dadurch wird der Schwerpunkt ihres Körpers verschoben, und sie muß ihre Hüften nach hinten biegen, was eine ausgleichende Vorwärtsbewegung des Brustkorbs erfordert. Alles zusammen bewirkt, daß ihr Gesäß herausragt und ihre Brüste vorstehen.

8 Eine klassische Haltung zwischen einem Mann und einer Frau beobachet man dann, wenn die Frau den Mann direkt ansieht und er in die Ferne schaut. Dies zeigt an, daß die Frau mehr mit der persönlichen Beziehung beschäftigt ist, während das Interesse des Mannes mehr auf die Welt insgesamt gerichtet ist. In der traditionellen Rollenverteilung wurde immer betont, daß der weibliche Bereich die Häuslichkeit sei, der männliche Bereich aber die Ausweitung des Lebensraumes.

9 Eine starke Neigung des Kopfes zeigt an, daß das Paar immer noch zu deutlich Information austauscht, um ein etabliertes Paar zu sein. Höchstwahrscheinlich stehen sie mit einer solchen Haltung auch eher jeder einzeln da, als daß sie sich an den Händen halten. So haben wir die Möglichkeit, Beziehungen aus der Entfernung zu bestimmen.

10 Wenn zwei sich mit verschlungenen Fingern an den Händen halten, bedeutet dies, daß sie den Raum zwischen sich gefühlsmäßig nicht mehr prüfen. Die beiden haben sich bereits auf «Nähe» geeinigt. Wenn sie einander nicht gut kennen würden, würden sie einander noch prüfen, etwa mit schnellem Gehen oder indem sie eine neue Haltung ausprobieren, mit Lachen und anderen Ausdrucksformen aufgeregter Unsicherheit.

11 Plärrende Musik aus jemandes Fenster oder Auto markiert sein Territorium genauso, wie wenn ein Hund einen Baum mit seinem Duft bespritzt. Andere Arten dieses Verhaltens kann man auf den meisten amerikanischen Universitätsarealen beim *Greek row* beobachten (Ruderbootrennen, an denen die Mannschaften sich zur Schau stellen. A.d.Ü.). Bei Tieren versammeln sich die Männchen an einem Wasserlauf, einem Ort, wo sie sich vor den Weibchen zur Schau stellen können. Die Weibchen sehen sich diesen Aufzug wie Zuschauer an, bis sie genügend Informationen haben, um das beste Männchen für sich in Anspruch zu nehmen.

12 Das Abstecken des «Territoriums» ist oft etwa in einer Bar zu beobachten, wenn ein Mann sich an die Theke stellt und seine Zigaretten darauf legt, auch Geld (einschließlich Noten) aufhäuft oder seine Schlüssel hinlegt, um seinen Anspruch geltend zu machen. Der Drang des Mannes, Territorium zu beanspruchen, ist eine unbewußte Art, Frauen wissen zu lassen, welche gesellschaftliche Stellung er im Vergleich zu anderen Männern einnimmt.

Anmerkung zur Vorsicht:

Es besteht eine Beziehung zwischen dem Noradrenalin- und Serotonin-Zyklus im Körper. Denn wie erregt (oder *high)* man immer wird, es muß ein Gleichgewicht durch Depression (oder Niedergeschlagenheit) hergestellt werden, damit der Körper sein Gleichgewicht (Homöostasis) erreicht. Dieser Zyklus dauert gewöhnlich zwei bis drei Tage, was erklärt, warum die meisten wirklich meditierenden Menschen versuchen, emotional neutral auf die äußeren Einflüsse der Welt zu reagieren. Manche Menschen pendeln derart in ihren Zyklen hin und her, daß sie in sich und in ihrer Umgebung Krankheit erzeugen.

Eine aktuelle Untersuchung hat ergeben, daß nicht weniger als 50 Prozent aller Frauen im Fortpflanzungsalter möglicherweise unter prämenstruellen Beschwerden leiden. Diese werden heute mit dem männlichen Hormon Progesteron behandelt, welches das weibliche Hormon Östrogen ausgleicht. Der Ausgleich bewirkt, daß die Frau biochemisch *androgyner* wird und beruhigt die Symptome übermäßiger Spannung und Irrationalität.

Die erogenste Zone befindet sich im Geist.

Speisen

Emotionale Symptome, die unser Verhalten und unsere Energie «im Bett» beeinflussen, sind zum Teil auf Stoffwechselprobleme zurückzuführen und können durch einfache Ernährungsmaßnahmen behoben werden. Aufgeregtheit als häufigstes «Schlafzimmerproblem» entsteht, wenn das Nebennierenmark auf emotionalen Streß durch einen *Adrenalin*-Ausstoß reagiert, welcher seinerseits den Blutzuckerspiegel erhöht. Ebenso erhöht er den Blutdruck und die Herzschlagfrequenz. Der Körper setzt Adrenalin als Hilfe frei, um «mit der Situation fertig zu werden». Ein Adrenalin- Ausstoß ist der Ausgleichsmechanismus des Körpers bei sinkendem Blutzuckerspiegel. Manche Menschen geraten aus unersichtlichen Gründen in Panik; dies kann einfach von einem niederen Blutzuckerspiegel herrühren. Eine solche Reaktion nennt man *Hypoglykämie.* Infolge unserer *zivilisierten* Ernährungsweise und der Tatsache, daß wir ein Leben lang *junk food* vorgesetzt bekommen, ist unser Insulinmechanismus heute hyperempfindlich geworden.

Wenn wir uns an raffinierten Kohlenhydraten gütlich getan haben, antwortet der hyperempfindliche Insulinmechanismus damit, daß er den Blutzucker unter seinen Ausgangspunkt absinken läßt. Dann muß der Körper auf den gleichen Adrenalinmechanismus zurückgreifen, um den Blutzuckerspiegel auf einen normalen

Stand zu heben. In diesem Fall treten die gleichen Symptome auf, die sonst bei einem Angstanfall auftreten, ohne daß sie durch den Streß eines bedrohlichen Vorfalls ausgelöst worden wären.

Da der Insulin- und Adrenalinspiegel in einer wichtigen biochemischen Wechselbeziehung mit Angstsymptomen steht und auf Blutzuckerspiegelveränderungen reagiert, *ist die Kontrolle des Blutzuckers ein wichtiger Schlüssel zur Angstkontrolle.* Eine Erhöhung der serotonergischen Hirntätigkeit geht mit der Insulinabsonderung der Bauchspeicheldrüse während der Nahrungsaufnahme einher, besonders, wenn diese reich an Kohlenhydraten ist. Diese Erhöhung steht im direkten Zusammenhang zum schläfrigen Gefühl, das gewöhnlich einem Essen folgt.

Man weiß, daß die Aufnahme von Diätfettstoffen oder die Umwandlung gespeicherter Körperfette während des Fastens einen Überschuß von Gehirnserotonin als Folge der erhöhten Verfügbarkeit nicht gebundenen Tryptophans bewirkt. Man denkt, die trophotropische Wirkung sei für erhöhte Spannungszustände verantwortlich, während die ergotropische die Freisetzung der entsprechenden Energien auslöst.

Alle Körpersysteme brauchen Ruhe. Auf der Molekularebene tritt dies in der Dynamik zwischen Drogen und Drogenkonsumenten klar zutage. Übermäßiger Gebrauch euphorisierender Drogen verhindert das Euphorieerlebnis. Der Körper beginnt, nach immer größeren Dosen der Droge zu verlangen, bis schließlich gar keine Drogenmenge mehr die erwünschte Wirkung erzielt.

Um träge Verdauungsfermente zu behandeln, greift man auf kurze Fastenzeiten und tägliche Abwechslung zwischen verschiedenen Nahrungsgruppen zurück. Das erlaubt einigen Fermentgruppen, sich zu regenerieren, während andere aktiv bleiben.

Das allgemeine Wohlbefinden hat einen Einfluß auf das sexuelle Wohlbefinden. Der Zustand unserer Nerven, des Blutes, der Arterien, des Herzens, des Muskeltonus und der Verdauung kann unsere sexuellen Fähigkeiten stark beeinflussen. Unsere Sexualität steckt nicht nur in den Keimdrüsen. Sie durchdringt jede Zelle unseres

Körpers. Oft ist ein ausgeprägter Mangel eines Vitamins oder Minerals die Ursache eines verminderten sexuellen Verlangens und einer verminderten sexuellen Leistung. Nachfolgend eine Liste von Vitaminen und Mineralen, die einen Einfluß auf die Sexualität des Menschen zu haben scheinen.

Vitamin A

Dieses Vitamin hat man den Schild der Natur gegen Drüsenstreß genannt. Eine reichliche Einnahme ist gegen drohende Sterilität notwendig. Vitamin A wirkt als Schutz für die Nebennierendrüsen. Nicht nur beugt es der Vergrößerung der Nebennierendrüsen vor, sondern es verhindert auch das Schrumpfen der Thymusdrüse. Es arbeitet Hand in Hand mit dem Vitamin E. Zu großen Mengen Vitamin E solltest du auch 25'000 Einheiten Vitamin A einnehmen. Ungesäuerte Fettsäuren (die man manchmal Vitamin F nennt) sind für eine zufriedenstellende Umwandlung der Vitamine A und E nötig. Zusammen werden sie für eine normale Drüsentätigkeit gebraucht und sind auch schon zur Behandlung von Prostata- und Menstruationsstörungen eingesetzt worden.

Vitamin B_1 (Thiamin)

Man hat es das Stimmungsvitamin getauft, denn ein Mangel kann zu beinahe jedem nur denkbaren nervösen Symptom führen. Thiaminmangel bringt die Stimmung ins Schwanken. Vitamin B_1 ist nötig, um Körperrohstoffe in Energie umzuwandeln. Ein Mangel führt rasch zu Müdigkeit, Depression, Angstzuständen und Apathie. Wie alle Vitamin B-Komplexe muß Thiamin täglich eingenommen werden. Überschüsse werden ausgeschieden. (Empfohlene tägliche Menge (EtM): 1,5 mg.)

Vitamin B_2 (Riboflavin)

Untersuchungen haben erwiesen, daß sich bei Riboflavinentzug im Körper eine Erschöpfung der Nebennierenfunktionen einstellt, mit welcher ein *Ausbluten* der Drüsen einhergeht. Dies ist eine ausgesprochene Ursache von Depressionen. Vitamin B_2 ist für eine gesunde Haut und ein gesundes Gewebe sowie als Schutz für die Augen vor grellem Licht notwendig. Die besten Lieferanten dafür sind Leber, dunkelgrüne Gemüse, Milch, Eier und Weizenkeime. Dieses Vitamin fehlt am häufigsten in unserer Nahrung. (EtM: 1,7 mg.)

Vitamin B_3 (Niacin, Nicotinsäure)

Eine der ersten Niacinmangelerscheinungen ist der Humorverlust. Vitamin B_3 ist für die Umsetzung von Kohlenhydraten notwendig und fördert ein gutes Funktionieren des Nervensystems, der Hirndurchblutung und des Blutkreislaufs. Der Körper kann mit Hilfe von Tryptophan (in der Milch und proteinhaltigen Nahrungsmitteln) etwas körpereigenes Niacin herstellen. Die besten Lieferanten dafür sind Leber, mageres Fleisch, Milch, Eier und getrocknete Hefe. Ein zu hohe Niacindosis führt zu Erröten, Hautjucken und einem starken Hitzegefühl. (EtM: 19 mg.)

Vitamin B_5 (Pantothensäure)

Vitamin B_5 unterstützt die Umwandlung von Kohlenhydraten, Proteinen und Fett. Es stärkt die weißen Blutkörperchen. Fehlt es, so kann es zu einer starken Depression kommen und zu einem verminderten Widerstand gegen Streß. Man findet es im Vollkorngetreide, Huhn, Schweinefleisch, in der Leber und Nieren. Es wird auch mit dem Ergrauen der Haare in Verbindung gebracht, obschon dieses Untersuchungsergebnis nicht belegt ist.

Vitamin B_6 (Pyridoxin)

Vitamin B_6 fördert den guten Zustand der Zähne, des Zahnfleisches und der Haut. Es ist auch an der Erzeugung von Hämoglobin und bestimmten Hormonen mitbeteiligt. Die besten Quellen dafür sind Leber, Bananen, Limabohnen, Kartoffeln, Vollkorngetreide und Bierhefe. Es kann auch übermäßiger Flüssigkeitsretention vorbeugen. (EtM: 2,2 mg.)

Vitamin B_{12} (Cyanocobalamin)

Dieses Vitamin ist für die Bildung der roten Blutkörperchen unbedingt notwendig. Ein Mangel kann zu einer Entartung des Nervensystems sowie zu Energieverlust führen. Vitamin B_{12} ist fast ausschließlich in Tierprodukten wie Eiern, Leber, Nieren, Rind und Milch zu finden. Bei einer streng vegetarischen Ernährungsweise geht man das Risiko eines Mangels ein, das zu Blutarmut, Gleichgewichtsstörungen sowie Schmerzen und Schwäche in Armen und Beinen führen kann. Bierhefe und *Spirulina* sind ausgezeichnete pflanzliche Vitamin B_{12}-Quellen. (EtM: 0,2 mg.)

Vitamin B_{15} (Pangamsäure)

Vitamin B_{15} hat die Aufgabe, Sauerstoff in alle Gewebe zu befördern. Deswegen hilft es, vorzeitiger Impotenz und den meisten Degenerationskrankheiten vorzubeugen. Hefeprodukte sind recht gute Vitamin B_{15}-Lieferanten, Aprikosenkerne aber sind die überaus reichste Vitamin B_{15}-Quelle.

Vitamin B_{17} (Amygdalin oder *Laetrile)*

Über dieses Vitamin weiß man wenig. Einige glauben, es zerstöre Krebszellen, ohne dem normalen Gewebe zu schaden. Chemisch ist Laetrile ein zwischen zwei anderen Molekülen eingeklemmtes Cyanidmolekül. Unser Körper jedoch erzeugt das Enzym Rhodanese, welches das Stoffwechselcyanid neutralisiert, bevor es dem Gewebe schaden kann. Dieses Vitamin wird ebenfalls aus Aprikosenkernen gewonnen, wo es natürlich und im Überfluß vorkommt. Es hat sich überdies als wirksames Empfängnisverhütungsmittel erwiesen. Polynesische Frauen essen Papayasamen zu eben diesem Zweck. Sie verwenden jeden Tag fünfundzwanzig Samen.

Biotin

Dieses ist für die Umwandlung der Kohlenhydrate notwendig. Es hilft, die Schweißdrüsen, Blutkörperchen und Haut in gutem

Zustand zu erhalten, ebenso die Schilddrüse und Nebennierendrüsen. Es wird zur Aufspaltung von Nahrungsmitteln benötigt. Die besten Versorgungsquellen sind Eier, grüne Gemüse, Leber und Milch. Ein wirklicher Biotinmangel ist selten. (EtM: 0,2 mg.)

Folsäure (Folacin)

Sie hilft dem Körper bei der Antikörperproduktion gegen Infektionen und hält die Funktionen des unteren Darmtrakts in Gang. Mangelerscheinungen hat man mit bestimmten geistigen Störungen in Verbindung gebracht. Es kommt vor allem in grünen Blattgemüsen, Früchten, getrockneten Erbsen und Bohnen sowie Weizenkeimen vor. (EtM: 60 mg.)

Vitamin C (Ascorbinsäure)

Vitamin C ist für die Gesundheit der Nebennierendrüsen unerläßlich; diese weisen die höchste Vitamin C-Konzentration auf. Um richtig zu arbeiten, benötigt die Hypophyse eine tägliche oder beinahe tägliche Zufuhr dieses wasserlöslichen Stoffes. Das Vitamin ist auch ein Puffer des Körpers gegen allgemeine Schwäche, die als solche einen Einfluß auf die Geschlechtsorgane haben kann. Die besten Versorgungsquellen sind Zitrusfrüchte, Beeren, Kohl, Tomaten und Kartoffeln. Vitamin C muß als Hilfe zum Schutz gegen die unerwünschte Oxidation anderer Vitamine täglich eingenommen werden. (EtM: 60 mg.)

Vitamin D

Dieses Vitamin wird zur einwandfreien Umwandlung von Kalzium und Phosphor benötigt. Der Körper stellt es durch Sonneneinstrahlung her (Calciferol).

Vitamin E (gemischte Tocopherole)

Es gibt über 100 verwandte Verbindungen der Tocopherol-Gruppe, wobei Alpha-Tocopherol die wirksamste Verbindung der ganzen Reihe darstellt. Man findet es in höchster Konzentration in der vorderen Hirnanhangdrüse, wo es eine positive Wirkung auf die Produktion der männlichen Sexualhormone hat. Auch schützt es vor der Oxidation dieser Hormone und anderer lebenswichtiger körpereigener Stoffe. Es hilft Ansammlungen arteriellen Cholesterins auflösen und bindet den Blutsauerstoff. Eine Dosis von 400 bis 1600 Einheiten täglich kann ohne Nebenwirkungen eingenommen werden. Fettlösliche Vitamine nimmt man am besten nach einer fett- und ölhaltigen Mahlzeit ein. *Menschen, die unter ausgesprochenem Bluthochdruck oder aufgrund von chronischem Gelenkrheumatismus unter einem Herzschaden leiden, sollten keine großen Vitamin E-Mengen einnehmen.* Frauen, die orale Empfängnisverhütungsmittel einnehmen, benötigen größere Mengen Folsäure und Vitamin E.

Lezithin

Im Gehirn, dem zentralen Nervensystem und der Samenflüssigkeit findet man Lezithin in größeren Mengen als in irgend einem anderen Körperteil. Nach dem Orgasmus muß es ersetzt werden. Eine gute Quelle sind unraffinierte pflanzliche Öle, ungeröstete Samen oder Nüsse und Eier. Dieser Stoff erhöht die Qualität und Quantität der Spermien.

Linolensäure

Dieser Stoff scheint den Körper jugendlich zu erhalten.

Eisen

Eisen unterstützt das allgemeine Wohlbefinden; es hält zudem die Geschlechtsorgane in gutem Zustand.

Magnesium

Ein Mangel dieses Minerals kann die Samenproduktion beim Mann ungünstig beeinflussen. Früchte, Gemüse, Vollkornbrot, Weizenkeime sowie Nüsse und Samen sind eine gute Versorgungsquelle. Es ist auch für die Fortpflanzung und eine gute Milchdrüsenfunktion wichtig.

Nukleinsäure

Obschon man immer noch wenig über diese Verbindung weiß, scheint sie das Ergrauen der Haare zu verhindern. Überdies belebt sie den ganzen Körper und verhilft zusätzlich zu einem intensiveren sexuellen Genuß.

Phosphor

Phosphor scheint für die Entstehung eines normalen sexuellen Verlangens und einer normalen Sexualität unerläßlich zu sein. Hohe Dosen führen fast unweigerlich zu einer Erhöhung des erotischen Interesses, während ein völliges Fehlen Auswirkungen auf die Samenproduktion hat. Mit Kalzium zusammen wird es vom Körper besser assimiliert.

Kalium

Kalium erhöht den Muskeltonus und die Wirkungskraft der Drüsen und trägt so zur Abwehr von Müdigkeit bei. Ein ernster Mangel kann zu einem Rückgang der Libido führen, zu Schwierigkeiten mit Nieren und Prostata und zu anderen Problemen, die mit dem Puls sowie mit Herzbeschwerden in Zusammenhang stehen. Man findet es in Feigen, Beutelmelonen (Kantalupen), Bananen, Avocados und Essig.

Zink

Zink spielt während des Wachstums und der Reifung der männlichen Geschlechtsorgane eine wichtige Rolle. Ein Mangel schlägt sich in einer ungesunden Veränderung der Struktur und Größe der Vorsteherdrüse nieder. In den männlichen Fortpflanzungsorganen findet man mehr Zink als irgendwo sonst im Körper. Die höchsten Konzentrationen finden sich in der Prostata und Samenflüssigkeit, die allergrößten in den Keimzellen. Ein Zinkmangel kann sich störend auf das sexuelle Vermögen des Mannes auswirken. In alten Zeiten empfahl man, Schnecken und Austern zu verzehren, die sehr reich an Zink sind, um die sexuelle Leistung zu erhöhen. Einige der besten Versorgungsquellen sind Nüsse, Samen (besonders Kürbis-, Sonnenblumen- und Sesamkerne), Leber und Hefe.

Eine gute Ernährung spielt für eine optimale Gesundheit eine außerordentlich wichtige Rolle. Zu oft achten wir nicht darauf, was wir unserem Körper einverleiben. Die Nahrung, die wir aufnehmen, ist der Brennstoff unserer Organe und versorgt uns mit Energie. Die richtigen Speisen zu essen kann die sexuelle Erregung und das sexuelle Verlangen fördern und liefert die Nährstoffe für die Gewebe. Eine gut ausgewogene Diät schließt Nahrungsmittel der vier Grundnahrungsgruppen ein.

1 *Die Gruppe der Milchprodukte*
Sie liefern Protein, Kalzium und Riboflavin. Nahrungsmittel dieser Gruppe sind Käse, Quark und Milch oder (Rahm-)Speiseeis. Die tägliche notwendige Mindestmenge sind zwei oder mehr Portionen Milch oder ihr Äquivalent.

2 *Die Gruppe der Brote und Getreideflocken*
Sie liefert Kohlenhydrate, Eisen und B-Vitamine (Thiamin, Niacin und Riboflavin). Sie kommen in der Gerste, im Roggen, Weizen, Mais, Hafer, Reis, Buchweizen und Schrot vor. Die nötige tägliche Mindestmenge sind vier Portionen.

3 *Die Gruppe der Gemüse und Früchte*
Diese liefern die Vitamine A und C und etwas Eisen. Man findet sie in (hell- und dunkel-) grünem Blattgemüse, Zitrusfrüchten, Kartoffeln, im Kürbis, Kohl und der Paprika. Den minimalen täglichen Bedarf decken Zitrusfrüchte (für das Vitamin C) und dunkelgrünes oder -gelbes Gemüse drei bis vier Mal wöchentlich (für das Vitamin A).

4 *Die Fleisch-Gruppe*
Diese liefert Protein, Eisen, B-Vitamine und andere Minerale (Phosphor). Nahrungsmittel dieser Gruppe schließen Rind, Kalb, Schwein, Lamm, Wild, Fisch und Schalentiere, Geflügel, Eier, Hülsenfrüchte und Nüsse ein. Die tägliche Mindestmenge sind zwei Portionen oder mehr.

An sich sind diese verschiedenen Nahrungsmittelgruppen keine Aphrodisiaka und auch nicht virilitätssteigernd. Da sie aber die für eine gute Gesundheit nötigen Vitamine, Minerale, Enzyme und Aminosäuren enthalten, können sie den sexuellen Tonus des Körpers erhöhen.

Rituelle Anwendung

Guter Sex und gutes Essen gehörten schon immer zusammen. Die Kunst des Küssens stammt wahrscheinlich vom Mund-zu-Mund-Füttern her. Sogar in gegenwärtigen Untersuchungen entsprach die sexuelle Ansprechbarkeit bei Frauen «eindeutig und signifikant ihrer generellen positiven Einstellung zur Nahrung und zum Essen». Wie beim Sex solltet ihr euch Zeit nehmen, wenn ihr zusammen eßt, euch dabei entspannen und nicht hetzen.

Das Essen zum Ritual machen, heißt dem Vorgang des Essens Anmut und Stil zu verleihen. Es ist ein Weg, eine Erfahrung zu gestalten. Die Art, wie wir das Essen *wahrnehmen*, bestimmt die mögliche Art, wie wir die entsprechende Symbolik in das Alltagsleben umsetzen. Indem wir uns mittels eines Rituals eine solche «heilige Zeit» schaffen, bekommt das Essen eine neue Dimension.

Das bekannteste Ritual um ein Nahrungsmittel ist die Japanische Teezeremonie. Wegen der ausgeklügelten Muster und Formen dieses Rituals ist zu seiner Durchführung Zeit erforderlich. Zudem verleiht sie einem Treffen etwa mit einem Freund eine Bedeutung besonder Art, wenn du ihm eine feierliche Begrüßung zuteil kommen lassen willst. Dieses Ritual wird hier als Modell wiedergegeben, anhand dessen du deine eigenen Wege gehen kannst, um mehr «heilige Zeit» mit deinem Geliebten zu verbringen. Sie ist nur eines der vielen Rituale, die mit Speisen durchgeführt werden können.

Seit Urzeiten haben buddhistische Mönche Tee verwendet, um ihren Geist während der langen Meditationsperioden wachzuhalten. Nach und nach wurde die Art und Weise seiner Zubereitung und das schlückchenweise Trinken zu einer ritualisierten Bewegungsabfolge, einem feierlichen Tanz bedeutsamer Gesten, die dazu dienten, den Geist von bedeutungslosen Geschäften zu reinigen und einen Zustand ruhiger, wacher Empfänglichkeit herbeizuführen, frei von jedem gewöhnlichen Alltagsvorkommnis.

Einer mündlichen Überlieferung der chinesischen religiösen Riten der Ch'an Buddhisten zufolge tranken die Mönche den Tee aus einer einzigen Schale, während sie vor dem Bildnis des Bodhidharma standen. Tief beeindruckt vom Glanz des Hofes der frühen T'ang Dynastie versuchten die Japaner, diesen kunstvollen Lebensstil nachzuahmen. Was schließlich daraus entstand, war das *Cha-no-yu*, oder die «Heiß-Wasser Teezeremonie» (1477).

Die Teezeremonie war die ritualisierte Anweisung, wie der Gastgeber fünf oder weniger Gästen Tee zu servieren hatte. Dieses Ritual wurde als eine Zeit der Meditation und des Ästhetizismus wahrgenommen. Die Zeremonie wurde in einem Teeraum abgehalten, einem Raum, der vom gewöhnlichen japanischen Haus abgesondert war. Später wurde der Teeraum zu einem Teil eines besonderen Gebäudes, des Teehauses. Dieses Haus bestand aus einem Teeraum (so geplant, daß weniger als sechs Leute darin Platz hatten), einem Vorraum, wo die Teegeräte gespült und aufbewahrt wurden, einem Warteraum für die Gäste und einem Gartenpfad, der den Warteraum mit dem Teeraum verband.

Die Elemente des Teehauses waren der Zen- Philosophie gemäß entworfen und wurden entsprechend gedeutet. Beispielsweise bedeutete der Gartenpfad das erste Stadium der Meditation, den Übergang zur Selbsterleuchtung. Die Teehäuser, als Schauplätze der Kunst gedacht, wurden mit aller Sorgfalt so gebaut, daß sie wie ein Zeugnis der Natürlichkeit und Selbstverständlichkeit wirkten. Es lag in ihrer Intention, aus der ganzen Zeremonie ein Kunstwerk entstehen zu lassen.

Der berühmte Teemeister Sen no Rikyu schuf das erste unabhängige Teehaus und formulierte Regeln für die Teezeremonie.

1 Sobald die Gäste im Warteraum versammelt sind, melden sie sich an, indem sie auf einen hölzernen Gong klopfen.
2 Es ist wichtig, daß zu Beginn dieser Zeremonie nicht nur Gesicht und Hände rein sind, sondern auch das Herz.
3 Der Gastgeber muß seine Gäste begrüßen und sie in den Teeraum führen. Sind die Gäste mit der Zeremonie nicht zufrieden, so müssen sie sogleich weggehen.
4 Sobald das Wasser siedende Geräusche macht (wie der Wind in den Tannen), soll die Glocke ertönen. Dies wird als der «richtige Moment» für Wasser und Feuer erachtet.
5 Es ist verboten, während dieses Rituals über irgend etwas Weltliches zu sprechen. Das einzige, an das man denken soll, ist der Tee und die Teezeremonie.
6 Kein Gast oder Gastgeber soll in einem wahren, reinen Beisammensein einem anderen in Wort oder Tat schmeicheln.
7 Ein solches Zusammensein soll nicht länger als zwei Stunden dauern.

Die feierliche Teezeremonie ist ein sehr exklusives Ritual. Jeder Gast sollte seine Kleidung für den Anlaß sorgfältig auswählen und jegliche Zurschaustellung vermeiden. Nachdem sich die Gäste im Warteraum versammelt haben, kommt der Gastgeber, bleibt in der Tür stehen und verneigt sich, um die Gäste zu begrüßen. Er kehrt dann, ohne ein Wort zu sprechen, in den Teeraum zurück. Die Gäste folgen ihm vom Warteraum über einen Gartenpfad zum Teeraum.

Auf dem Weg wird erwartet, daß sie mit der Natur kommunizieren. Sie kommen an einem Steinbecken mit Wasser vorbei und waschen sich den Reinigungsriten zufolge. Sie treten durch eine niedere Tür in den Teeraum ein. Jeder Gast kniet vor einer kleinen Nische und bewundert dort eine hängende Schriftrolle, die später durch ein Blumenarrangement ersetzt wird. Dann bewundern sie das winzige Weihrauchbecken auf einem Seitenregal.

Manchmal wird den Gästen zu diesem Zeitpunkt ein *kaiseki*-

Mahl vorgesetzt. Das Essen wird ausschließlich vom Gastgeber serviert, und die Gäste müssen alles aufessen. Nach dem Essen stellen die Gäste ihre leeren Teller und Schalen auf einzelne Tabletts, die der Gastgeber eines nach dem anderen entfernt. Die Gäste kehren in den Warteraum zurück, wo sie bleiben, bis ein Gong ertönt. Das ist das Signal, daß sie für die Teezeremonie in den Teeraum zurückkehren sollen.

Wenn sie zurückkommen, bemerken sie, daß ein Blumenarrangement anstelle der Schriftrolle in der Nische des Teeraumes steht. Der Kessel mit frischem Wasser, *mizusashi*, und die Teebüchse, *chaire*, befinden sich bereits am ihrem Platz. Wenn die Gäste sitzen, kommt der Gastgeber mit der Teeschale, dem Teebesen *(chasen)*, der Teeserviette *(chakin)* und dem Teelöffelchen *(chashaku)* herein. Er legt alles hin, geht weg und kommt mit dem Becken für das abzuschüttende Wasser *(koboshi)*, der Schöpfkelle *(hishaku)* und dem kleinen Ständer für den Deckel des Kessels und die Schöpfkelle *(futa-oki)* wieder.

Die Gäste hören auf das Geräusch des siedenden Wassers über dem Holzkohleherd, der in den Boden eingelassen ist. Nachdem sie sich über den Kessel unterhalten haben, wird der Tee vorbereitet. Dazu werden drei Löffel Tee in die Teeschale getan. Die Schale wird mit heißem Wasser gefüllt. Der Schöpflöffel, der zu diesem Zweck verwendet wird, wird in den Kessel zurückgelegt, in den auch das überflüssige Wasser abgeschüttet wird. Beides wird dann zur Seite gestellt. Der Gastgeber rührt den Tee mit dem Teebesen, bis er schaumig ist. Darauf reicht er die Teeschale dem Ehrengast, der sich vor seinen Mitgästen verneigt und einen Schluck Tee nimmt. Er sollte dann den Gastgeber loben und nochmals aus der Schale trinken. Dann wird sie dem nächsten Gast gereicht.

Die letzte Person im Kreis trinkt den Tee aus, wobei sie immer einen kleinen Rest in der Schale zurückläßt. Dann werden Schale, Teebüchse und Teelöffelchen herumgereicht, damit die Gäste sie bewundern.

Diese Teezeremonie ist zum Maß der Verfeinerung der Künste,

Literatur und des Alltagslebens geworden. Aus ihr hat der Japaner seinen Geschmack für Einfachheit, Harmonie und Gleichgewicht erworben. Die Zeremonie ist wie ein improvisiertes Theaterstück, in dem sich die Handlung um den Tee, die Gegenstände, die Blumen und die Gemälde im Raum dreht.

Die Japaner haben aus den Feinheiten des Teetrinkens, die die Chinesen nur instinktiv zu würdigen wußten, ein Ritual gemacht. Die subtile Verbindung, die zwischen Tee und Kennerschaft besteht, hat in der japanischen Teezeremonie für immer ihren Ausdruck gefunden.

Drogen und Arzneien

Die meisten Menschen sind sich der Tatsache nicht bewußt, daß unsere Liebesbeziehungen in größerem oder geringerem Maße zur Abhängigkeit führende Verhaltensgewohnheiten sind. Sie gleichen amphetaminartigen Verbindungen und Opiaten, die uns gegenseitig anziehen, das sexuelle Verlangen wecken und als Partner noch lange im paargebundenen Zustand der Anziehung verharren lassen, nachdem das «Feuer der Leidenschaft» abgeklungen ist. Dies verdanken wir den natürlich im Körper vorkommenden Betäubungsmitteln, die man (je nach ihrer molekularen Größe) *Endorphine* und *Enkephaline* nennt. Sie wirken vor allem als angstabbauende Stoffe.

Die natürlich vorkommenden amphetaminartigen Substanzen sind das *Phenyläthylamin, Norepinephrin* und *Dopamin*. Ihr Vorkommen nimmt in einer Hochstimmung zu, während eine eher gedrückte Stimmung die Abnahme dieser chemischen Substanzen im Gehirn anzeigt. Schokolade enthält Phenyläthylamin und verschiedene verwandte Verbindungen. Das erklärt wahrscheinlich, warum Menschen mit Liebeskummer so gerne Schoko-Riegel essen.

Der Hypothalamus ist der eigentliche Chef der chemischen Vorgänge im Körper. Nicht größer als eine Erbse, erhält diese unglaubliche Gehirnstelle Informationen aus allen Teilen des

Körpers und übermittelt Befehle an die Hypophyse über chemische Substanzen, die man *Releasing Hormones* (Auslöser-Hormone) nennt, Substanzen, welche die Hirnanhangdrüse anregen, ihre verschiedenen Hormone freizusetzen. Diese beeinflussen ihrerseits die Hormonproduktion der Geschlechtsdrüsen – von Östrogen und Progesteron in den Eierstöcken der Frau bis zu den Androgenen der Leydigschen Zellfunktion in den Hoden des Mannes.

Es gibt zwei lebenswichtige Nervenbahnen in diesem Gefüge. Die erste verbindet den Hypothalamus mit der Hypophyse und teilt dieser mit, wann sie Hormone freisetzen soll. Die zweite verbindet den Hypothalamus mit jenem Teil des Gehirns, in dem sich das höherentwickelte Denken und das Wissen befinden. Dieser Bereich teilt uns mit, wann wir mit einem angemessenen Paarungsverhalten beginnen sollen. Die interessanteste bisher im Hypothalamus entdeckte chemische Substanz ist das LH-RH (Luteinizing Hormone Releasing Hormone).

LH-RH scheint für die Synchronisierung der Verhaltens- und innersekretorischen Aspekte bei der Paarung verantwortlich zu sein. Es bewirkt eine sexuelle Erregung des Gehirns vor dem Eiausstoß, wenn das (Tier-) Weibchen am empfänglichsten für die Befruchtung ist. Inzwischen ist nachgewiesen worden, daß Menschen es willentlich erzeugen können; dies erlaubt es ihnen, sich ständig mit Sex zu beschäftigen, ungeachtet jeglicher Fortpflanzungserwägungen oder jahreszeitlich bedingter Veränderungen.

Der Zustand, den man mit Gefühlen des «Sich-Verliebens» verbindet, ist dem eines Amphetaminschubes sehr ähnlich. Bei längerer Intimität jedoch nimmt die Neuheit der Beziehung ab, und jene anfänglichen Hochgefühle machen neuen Gefühlen Platz. Es sind diese Gefühle, die das Band zwischen Partnern festigen. Heute ist man der Ansicht, daß diese beiden Phasen einer romantischen Liebe – Anziehung und Bindung – zur Hauptsache biologisch bestimmt werden.

Es gibt zwei sich voneinander unterscheidende neurochemische Gruppen, nämlich die amphetaminartigen Verbindungen und die

Opiate. Die Opiate sind Betäubungsmittel, die die Tätigkeit des *locus ceruleus* unterdrücken, der an der Entstehung von Reaktionen wie Angst und Panik beteiligt ist. MAO-(Monoaminooxidase)-Enzyme sind die wichtigsten Enzyme im Gehirn, die den Körper bei der Oxidation (Umwandlung) der Monoamine unterstützen. Diese chemischen Stoffe enthalten die amphetaminähnlichen Verbindungen Phenyläthylamin, Norepinephrin, Dopamin und Serotonin. Die MAO-Enzyme unterstützen die Regulierung der Anzahl der wichtigen Transmitter, die jederzeit für die Hirntätigkeit zur Verfügung stehen müssen.

Eine verminderte MAO-Tätigkeit hat größere Mengen von Monoaminen im Gehirn zur Folge. Somit war die erste wirklich antidepressive Droge *Iproniazid* (USA) ein *MAO-Hemmer.* Ein niederer MAO-Spiegel wird mit einer Reaktion in Verbindung gebracht, in der man auf stärkere Empfindungen aus ist. Auf einer neurochemischen Ebene ist die Anhänglichkeit vorwiegend eine Suchterscheinung, an der Opioide beteiligt sind, die Opiatvariante des Gehirns. Eine Abhängigkeit von diesen Opioiden fördert das enge Band zwischen einer Mutter und ihrem Kind. Dieselben chemischen Stoffe verbinden Mann und Frau.

Es ist diese Art der Paarbindung, die Partnern hilft, zusammenzubleiben, wenigstens lange genug, um Kinder zu zeugen und aufzuziehen. *Während die amphetaminartigen Verbindungen die Menschen durch Anziehung zusammenbringen, sind es die Opioide, die sie zusammenhalten.* Wir alle kennen Menschen, die man «Anhänglichkeitssüchtige» nennen könnte, Menschen, die ständig mit jemandem zusammensein müssen. In ihrer biochemischen Ausstattung werden zu wenig Opioide erzeugt, so daß sie dazu neigen, sich an ihre Partner zu klammern. Dieses fast instinktive Verhalten ist ein Versuch, ihre Überträgersubstanzspiegel in den Speichergranula davor zu bewahren, unter eine bestimmte Schwelle zu sinken. Im wesentlichen benutzen sie ihre Partner als Stimmungsregler.

Autismus kann anderseits eine Folge der Überproduktion dieser Opioide sein. Ein Überschuß an Opioiden würde dazu führen, daß sich ein Individuum nicht an die Mutter bindet oder keine Notwendigkeit körperlicher Zuneigung verspürt, was man gewöhnlich bei autistischen Kindern beobachtet.

Aus dieser Perspektive gesehen, ist es leicht verständlich, daß bei der Auflösung einer Beziehung das darauffolgende Gefühlstrauma einem Drogenentzug sehr ähnlich ist. Somit ist auch anzunehmen, daß die «Sehnsucht des Herzens» meistens eine Art von Sucht ist.

Die folgende Aufzählung von Arzneien mag Substanzen enthalten, die in den Vereinigten Staaten und Europa verboten sind. Andere unterliegen Beschränkungen oder werden vielleicht bald verboten sein. Sie werden dennoch aufgeführt, weil sie in der Öffentlichkeit auf großes Interesse gestoßen sind. Obwohl in diesem Abschnitt verschiedene Verwendungsmöglichkeiten beschrieben werden, sollte dies nicht als Ermunterung oder Genehmigung durch den Autor oder Verleger ausgelegt werden.

Dieser Abschnitt wurde in der Überzeugung verfaßt, daß jeder ein Recht auf Information und Wissen hat, auch wenn diese Arzneien potentiell mißbraucht werden können. Wir hoffen, der Leser möge dank dieser Information den Mißbrauch der beschriebenen Drogen vermeiden lernen. Überdies verschreiben wir keine dieser Substanzen, weder rechtmäßig noch auf andere Weise. Daher können wir für etwaige Mißgeschicke oder Fehlschläge, die durch den Gebrauch oder Mißbrauch eines dieser Stoffe oder dieser Information entstehen, in keiner Weise verantwortlich gemacht werden.

Alkohol (Äthanol)

Alkohol wirkt bei vielen Menschen als Sexualstimulans, wenn er in kleinen Mengen eingenommen wird. Er bremst die Hirnzentren, die die Angst steuern und vermindert so die Aufgeregtheit, wenn man sich jemandem nähern möchte. Kleine Mengen, wie sie etwa bei gesellschaftlichen Anlässen eingenommen werden, lockern die Hemmungen genügend, um des öfteren zu einer zeitweiligen Erhöhung der Libido zu führen, besonders bei gehemmten Menschen. Wenn Alkohol in größeren Mengen eingenommen wird oder über eine lange Zeit, schlägt die chemische Reaktion ins Gegenteil um. Ein langfristiger Gebrauch als Sexualerreger verkehrt ihn zu einem Sexualdämpfer, der die Libido eindeutig vermindert, anstatt sie zu steigern.

Amylnitrit

Diese Droge wirkt gefäßerweiternd und wird manchmal verschrieben, um die Schmerzen bei Opfern der Angina pectoris zu erleichtern, ebenso bei bestimmten Arten von Asthmaanfällen. Es wird in kleinen Glasampullen verkauft, die man aufbricht und dann inhaliert. Die Wirkung hält wenige Augenblicke an. In dieser Zeit löst es ebenfalls Hemmungen, etwa in derselben Weise wie Distickstoffoxid (Lachgas), da es die glatte Muskulatur entspannt.

Es wird denn auch im Moment des Höhepunktes benutzt, um den Orgasmus zu verlängern und zu vertiefen. Am meisten wird es in der Homo-Szene verwendet, oft um das Eindringen des Penis oder der Hand in den Anus zu erleichtern. Gewöhnlich machen sich keine unangenehmen Nachwirkungen bemerkbar, wenn auch der Geruch etwas an faulende Äpfel oder Birnen erinnert. Als die amerikanische Nahrungsmittel- und Drogenkontrolle *FDA* (Food and Drug Administration) seine Verwendung verbot, wurde Amylnitrit schnell durch *Butylnitrit* ersetzt, das nach alten Tennisschuhen riecht und legal als «Raumspray» verkauft wird.

Amylnitrit hat eine hypotonische (blutdrucksenkende) Wirkung. Deswegen kann es für Menschen mit niederem Blutdruck gefährlich werden. Zu den Nebenwirkungen gehören Kopfschmerzen und, in seltenen Fällen, Herzanfälle.

Cannabis, Hanf (Cannabis sativa und *Cannabis indica)*

Die Chinesen verwenden diese medizinische, auch als Marihuana bekannte Pflanze seit mindestens fünftausend Jahren. In Indien ist die erste Anwendung von Marihuana 1000 v. Chr. auf die Hinduvölker zurückzuführen. Aus den Hanfsamen und -blättern buk man zusammen mit Moschus und Honig Plätzchen, um eine wirksame Mischung zu erhalten. (Der sexuell anziehende Moschus wird im Drüsenbeutel unter der Hinterleibshaut des männlichen Moschustieres erzeugt.)

Cannabis enthält Tetrahydrocannabinol (THC) und Cannibichrom, ebenso Antibiotika und Beruhigungsmittel wie Cannabigerol und Cannabidiolsäure. Diese wirken meist beruhigend, *nicht* betäubend. Cannabis entspannt Körper und Geist, setzt unnötige Hemmungen herab und öffnet für sinnliche Wahrnehmungen. Bei Frauen kommt es öfters vor, daß sie ein stärkeres Verlangen feststellen, während Männer gewöhnlich einen intensiveren sexuellen Genuß erwähnen.

Das afrikanische Aphrodisiakum *Khala-Khif* wird aus gewöhnlichem Marihuana hergestellt, das mit Harzextrakten angereichert wurde. Dabei bildet sich ein blauer Schimmel, den man etwa einen Monat lang auf die Mischung einwirken läßt. Das entstehende stark wirksame Produkt wird daraufhin getrocknet und geraucht. In dieser Form ist es dem Haschisch ähnlich (dem Harzsekret, das von den Pflanzenspitzen gesammelt wird) oder dem Haschischöl (dem raffinierten Auszug oder Konzentrat, das aus den Rohextrakten gewonnen wird).

Koka (Erythroxylon coca)

Kokain ist eines der verschiedenen Alkaloide, die man in der südamerikanischen Kokapflanze vorfindet. Ihre Blätter sind bis weit in die Vergangenheit mit Begeisterung verwendet worden. Die Indianer von Ecuador, Bolivien und Brasilien kauen das Blatt mit ein wenig Bananenasche oder einem anderen milden Kaustikum, etwa Löschkalk. Zwei Unzen (56 g) Blätter, auf diese Weise eingenommen, setzen über ½ g Kokain im Körper frei.

Eine Prise oder zwei durch die Nase geschnupft gestatten die Erregung der Libido und einen länger als gewöhnlich anhaltenden Geschlechtsakt. Ein Mann, der Kokain eingenommen hat, mag etwa feststellen, daß seine Erektion auch nach einem Orgasmus oder mehreren nicht nachgelassen hat. Die Droge führt überdies dazu, daß Männer ihre Orgasmen sehr gut kontrollieren können. Gelegentlich jedoch regt die Droge das Denken so stark an und lenkt vom sinnlichen Verlangen derart ab, daß man nur noch denken oder über Gedanken sprechen möchte.

Menschen, die abartige Sexualpraktiken mögen (ausgefallene, ungewöhnliche, ja exzentrische sexuelle Experimente) haben mit dem Kokain eine ideale Droge, um sich für solche Freuden in Stimmung zu bringen. Lokal, als Oberflächenanästhesie verwendet, betäubt ein wenig Kokain auf der Klitoris die Reizung und befähigt die Frau, viel mehr Orgasmen als sonst zu genießen. Man trägt es auch auf die Eichel und den Penisschaft auf, um die Empfindung zu dämpfen und einen vorzeitigen Samenerguß zu verhindern.

Heute ist man der Ansicht, daß Kokain ziemlich abhängig macht, und es gibt zahlreiche Horrorstories über seinen Mißbrauch. Übermäßiges Schnupfen von Kokain kann die Nasenschleimhäute und Riechnerven schädigen. Es zu besitzen und zu benutzen ist strafbar.

DMSO (Dimethylsulfoxid)

DMSO ist ein Lösungsmittel, das als Nebenprodukt des Zellstoffs in der Papierindustrie anfällt. Es hat die ungewöhnliche Eigenschaft, schnell durch die Haut in den Blutstrom zu gelangen. In manchen Fällen kann es auch andere Stoffe mit ins Blut ziehen. Ein Tupfer DMSO auf den Penis bewirkt bei Impotenz oft eine schnelle Erektion. Man sollte es nicht einnehmen, und auch bei lokaler Anwendung kann es in großen Mengen eine schädigende Wirkung auf die Nieren haben. Es scheint ungiftig zu sein, wenn man es äußerlich und in kleinen Mengen anwendet.

L-Dopa (Linksdrehendes Isomer des Dihydroxyphenyl-L-alanins)

Auch unter den Namen Levodopa oder Larodopa (Hoffmann-La Roche) bekannt, wird es vorwiegend zur Behandlung der Parkinsonschen Krankheit eingesetzt. Bei den meisten Menschen bewirkt es zudem ein verstärktes sexuelles Verlangen. In manchen

Fällen können unerwünschte Nebenwirkungen auftreten, darunter Übelkeit, Beklemmung, Depression, Verwirrtheit, Lethargie, verschwommenes Sehen, heiße Wallungen und Haarausfall.

Es sollte nicht von Menschen verwendet werden, die gleichzeitig MAO-Hemmer einnehmen, auch nicht von schwangeren oder stillenden Müttern. L-Dopa sollte ebenfalls von Menschen vermieden werden, die an offenen Magengeschwüren leiden oder Arzneien gegen Bluthochdruck einnehmen. Es ist rezeptpflichtig, ein Serotonin-Hemmer und, wie die meisten psychedelischen Drogen (einschließlich LSD, Psilocybin, Meskalin, DMT [Dimethyltryptamin], Yagé und Yohimbin), ein leichtes Halluzinogen.

MDA (Methylendioxyamphetamin)

Als «Liebesdroge» bekannt, ist dies wahrscheinlich die einzige psychedelische Droge, deren Ruf als Libidoerreger eindeutig untermauert ist. MDA ist ein amphetaminartiges Halluzinogen mit einer sexuell tatsächlich erregenden Wirkung. Hast du gutes MDA bekommen, so wirst du wahrscheinlich während der vier bis fünf darauf folgenden Stunden nichts anderes als lieben wollen. Die meisten Menschen brauchen eine Dosis von 120 bis 150 mg, um in den Genuß der vollen Wirkung zu kommen.

Ungefähr dreißig bis sechzig Minuten nach der Einnahme tritt gewöhnlich eine leichte Übelkeit auf. Es kommt nicht zu Wahrnehmungsverzerrungen oder einem Bildersehen bei geschlossenen Augen, wie etwa bei LSD, sondern zu einer Erhöhung der Sehkraft. Die Dinge erscheinen heller und schärfer als gewöhnlich. Am meisten fallen die vertieften Gefühle und Empathie für andere auf. Die Wirkung kann bis acht Stunden lang andauern, der Höhepunkt der Erfahrung aber tritt etwa zwei Stunden nach Einnahme ein.

Die verbreitetste unangenehme Nebenwirkung ist eine periodische Verspannung der Nacken- und Kiefermuskeln. Die Hauptschwierigkeit bei der Anwendung von MDA ist, daß der gewöhnlich «auf der Straße» verkaufte Stoff nicht MDA ist, sondern etwas anderes, viel giftigeres (wie etwa PCP, auch als *Engelstaub* bekannt).

Methaqualon (2-Methyl-3-(o-tolyl)-4(3H)-chinazolinon)

Diese Droge, unter den Namen Quaalude, Mandrax oder Pro Dorm im Handel erhältlich, ist ein Beruhigungs- und Schlafmittel. Sie wirkt wie Alkohol und Kokain und löst die normalen Hemmungen. Sie scheint auf andere Stellen des zentralen Nervensystems einzuwirken als die Barbiturate und übrigen Schlafmittel. Eine Toleranz baut sich recht schnell auf und kann zur Sucht führen.

Viele Frauen, die normalerweise weder Interesse noch Energie für Sex aufbringen, fühlen sich nach Einnehmen dieser Droge viel stärker als sonst von erotischen Freuden angezogen. Eine Normaldosis liegt zwischen 150 und 300 mg zum Einschlafen, und 75 bis 150 mg werden als Beruhigungsmittel am Tag zur Bekämpfung von Nervosität verschrieben. Autofahren unter dem Einfluß dieser Arznei ist ziemlich gefährlich, und manchmal kommt es zur Erschöpfung, begleitet von verworrenem Denken und verschwommener Sicht. Man darf es nicht in Verbindung mit Alkohol einnehmen, da dies tödlich sein kann.

Opium (Schlafmohn: Papaver somniferum)

Obschon Opium, das getrocknete, latexartige Exsudat des Mohns ein Narkotikum ist, kann es ein erotisches Aphrodisiakum sein, wenn man wenig davon einnimmt. Es hat eine stimulierende Wirkung auf die Spinalganglien und bewirkt eine ähnliche Erektion wie Strychnin, Yohimbin und Burra Gokeroo *(Pedalium murex)*. Es hat allgemein eine entspannende und beruhigende Wirkung auf Körper und Geist, stimuliert aber die Erotik sowohl auf der mentalen als auch physischen Ebene.

Diese Empfindungen können verstärkt werden, wenn man es sowohl beim Mann wie bei der Frau als leichtes Nervenbetäubungsmittel oberflächlich auf die Geschlechtsdrüsen appliziert. Dies führt zu einer Verzögerung des Samenergusses und ermöglicht es den Beteiligten, eine stärkere Stimulierung der tieferliegenden Nerven während der Vereinigung zu erreichen. Dadurch wird der Geschlechtsakt eher länger, und der sexuelle Höhepunkt kann zu einer intensiveren und psychisch stärkeren Erfahrung werden. Wie bei den meisten Narkotika jedoch kann ein übermäßiger Gebrauch die Sexualkräfte schwächen.

Jahrhundertelang wurden diverse Betäubungsmittel als Sexualhilfen verwendet. Dazu gehören natürliche Drogen wie Morphin, Alkohol und Nikotin. Synthetische und semi- synthetische Mittel wie etwa Meperidin (Dolantin), Hydromorphon (Dilaudid) und Methadon (l-Polamidon) gehören auch auf diese Liste. Sie alle führen ebenfalls schnell zur Abhängigkeit. Vielen Menschen wird es kurz nach dem Einnehmen von Opium übel.

Pemolin (2-Imino-5-phenyl-4-oxazolidinon)

Pemolin wurde während des zweiten Weltkriegs von amerikanischen und englischen Piloten verwendet, um ihre Wachsamkeit die langen Bombardierungen hindurch aufrechtzuerhalten. Während die Nazis Amphetamine benutzten, erachtete man Pemolin als das viel sicherere Mittel ohne die gefährlichen und unangenehmen Nebenerscheinungen der Amphetamine, namentlich Herzstreß, Austrocknen der Schleimhäute, Verspannung des Nackens und der Gesichtsmuskeln sowie Suchtgefahr. Es ist ein synthetisch hergestelltes chemisches Präparat aus der Gruppe der Hydantoine. Die normale Dosis (20 bis 50 mg, oral) führt zu einer geistigen Stimulierung, die zwischen sechs und zwölf Stunden anhält.

Pemolin ist in Verbindung mit Yohimbin-Hydrochlorid, Methyltestosteron und Strychninsulfat eine rezeptpflichtige Arznei zur zeitlich beschränkten Behandlung der Impotenz. Diese Mischung wird in England durch Medo Chemicals (Archway, North London) als *Potensan Forte* vertrieben. Eine andere Form von Pemolin, *Pemolin-Magnesium,* wird in den Vereinigten Staaten (in den Abbott Laboratories) hergestellt und u.a. zur Verbesserung der Gedächtnisleistung sowie zur Behandlung der Senilität verwendet.

Pemolin-Magnesium hat eine amphetaminähnliche Wirkung, wobei kleinere Dosen leicht stimulierend auf das zentrale Nervensystem und psychisch erregend wirken. In dieser Form hat es eine

Anhäufung von Magnesium in den Hirnsynapsen zur Folge. Magnesium wirkt als Katalysator in den Synapsen der Gedächtniszellen. In dieser Zusammensetzung ist es ein ausgezeichnetes Aphrodisiakum.

Strychnin (Strychnos nux vomica)

Das wirksame Alkaloid Strychnin wird aus den Samen eines Baumes gewonnen, der in China, Burma, Indien und Australien wächst. Es wirkt erregend und allgemein als Tonikum, vor allem in Verbindung mit anderen Substanzen. Es wurde auch schon als Heilmittel bei Neuralgien, Verdauungsstörungen, Erschöpfungszuständen, chronischer Verstopfung und Impotenz verwendet. Seine Wirkung im letzteren Fall beruht auf seiner Stimulierung des Blutkreislaufs, der Muskulatur und der Spinalnerven.

Strychnin kann so stark auf die Spinalganglien wirken (die die Schwellkörper beeinflussen) daß der Mann eine starke und schmerzhafte Erektion erleidet. Es führt zudem zu einem starken Hitzegefühl und starkem Schwitzen. Der Spielraum zwischen einer wirksamen und einer gefährlichen Dosis ist sehr klein. Zwei Milligramm können als Sexualstimulans wirken, größere Mengen aber zu schnellem Herzklopfen und einem schnellen Puls, Krämpfen, ja sogar zum Tod führen. Die Toleranz ist individuell verschieden. Diese Droge sollte nur unter ärztlicher Kontrolle verwendet werden. Es gibt andere Stoffe wie Yohimbin, die eine ähnliche Wirkung haben, deren Anwendung aber unendlich sicherer ist. Im wesentlichen setzt Strychnin das Sprungpotential der Neuronen zwischen den Synapsen im Gehirn herab. Eine leichte Herabsetzung verschärft die Intelligenz, mehr jedoch führt zu Anfällen und sogar zum Tod. Rohextrakte von *Strychnos*-Samen werden in einer Anzahl von Präparaten verwendet, unter anderem im amerikanischen *Aphrodex* (siehe Yohimbin).

Die vorliegende Aufzählung von Drogen und Arzneien und ihrer Wirkung ist keineswegs vollständig. Um dieses Thema erschöpfend zu behandeln wäre ein ganzes Buch notwendig. Wenn dein Selbstvertrauen jedoch eine Einbuße erlitten hat, könnte eine Droge wie Kokain, die das Selbstvertrauen erhöht und das Selbstbild dessen, der es einnimmt, verbessert, deine sexuelle Leistung beträchtlich steigern.

Wenn du jedoch nervös, ängstlich oder ziemlich gehemmt bist, sobald es um Sex geht, können kleine Mengen eines Beruhigungsmittels wie etwa Alkohol deine Hemmungen lösen und dich genügend entspannen, um Sex zu genießen. Was immer dazu beiträgt, daß der Mensch allgemein gesund funktioniert, trägt dazu bei, die Libido und sexuelle Ansprechbarkeit im besonderen zu steigern. Und was immer ein gesundes Funktionieren des Menschen nachteilig beeinflußt, schadet der Libido und der sexuellen Ansprechbarkeit.

Duftstoffe

Wie sehr wir uns auch schrubben und waschen, immer noch geht ein einzigartiger und individueller Duft von uns aus. Auch werden wir alle stark vom Geruch anderer Menschen und unserer Umgebung beeinflußt. Wir sind in keiner unserer Verhaltensweisen frei davon. Wir teilen uns in einer stillen, unsichtbaren, oft unbewußten Duftsprache mit, sei dies am Arbeitsort, im Speisesaal oder zu Hause im Schlafzimmer.

Gerüche und das Gehirn

Gerüche werden durch die *Geruchsrezeptoren* der *Geruchsorgane* übermittelt. Neuriten der Geruchsrezeptoren führen direkt in jenen Teil des Gehirns, der als *Riechkolben* bezeichnet wird. Die Fasern dieses Riechkolbens gehören zu einem weit verzweigten Hirngefüge, das man *Riechhirn* nennt (griechisch *rhinencephalon* = «Nasen-Hirn»). Der Geruchssinn ist eigentlich ein *entblößter* Teil des Gehirns, der die Außenwelt mit Gehirnzellen wahrnimmt, die außerhalb des Schädels liegen.

Nervenanatomen haben festgestellt, daß das Geruchsorgan deshalb einzigartig ist, weil die Geruchszellen ihre Fasern direkt in jenen als Riechhirn bezeichneten Teil des Gehirns aussenden, anstatt über den Rückenthalamus zu gehen, wo die anderen Sinne Relaisstationen zum Neokortex haben (jenem «neuen» Teil des Gehirns, dem wir unseren Intellekt verdanken). Das Riechhirn nennt man heute *limbisches System*, ein Ausdruck, der sich vom Rand oder Saum, der den Kortex einfaßt, ableitet. Das sogenannte «Nasen-Hirn» ist auch an der Steuerung der Motorik und den Urtrieben Sex, Hunger und Durst beteiligt. Anhänger der Entwicklungslehre halten heute dafür, daß die beiden Hirnhemisphären sich eigentlich aus diesen Riechlappen entwickelt haben, und daß mit zunehmender Komplexität des Gehirns das limbische System zuvorderst verblieb, der Außénwelt offen ausgesetzt.

Es nimmt einen wichtigen Platz ein, postulieren sie, weil der Geruchssinn der erste Fernempfänger war, der in einem wässerigen Milieu wie dem Ozean wirkungsvoll funktionieren konnte. Da sich das Leben aus dem Meer entwickelte, war der erste Teil des Gehirns, der sich differenzierte, jener, der mit dem Riechen zu tun hatte. Auf einen Reiz des Riechkolbens werden elektrische Impulse zu einem mandelförmigen Klumpen, *amygdala*, genannt, gesendet; dieser Teil des limbischen Systems ist an den Abläufen in den Eingeweiden und an den Verhaltensmechanismen beteiligt, insbesondere an jenen, die mit den Sinnes- und Geschlechtsfunktionen zu tun haben.

Diese Impulse werden dann von der Mandel zum Hirnstamm weitergeleitet, jener *Schaltstelle*, die die Verbindung zwischen Gehirn und Körper aufrechterhält. Deshalb beeinflußt der elektrische Reiz, der durch das direkte Riechen ausgelöst wird, die Verdauungs- und Geschlechtsorgane ebenso wie das gefühlsmäßige Verhalten. Gerüche lösen starke Gefühlsreaktionen aus und können viele Jahre nach einem einzigen Atemzug erinnert werden. Der Geruchssinn nimmt mit dem Alter ab und kann durch Verschmutzung ungünstig beeinflußt werden.

Gesunde junge Menschen können Tausende von Gerüchen unterscheiden. Das Geruchsgedächtnis wird überdies durch den Lauf der Zeit weniger beeinflußt als das auditive und visuelle Gedächtnis. Gerüche, die man sich einmal gemerkt hat, werden selten, wenn überhaupt, vergessen. Das rührt daher, daß sie grundlegende Emotionen wecken und mit «Gefühlen» verbunden werden. Erinnerungen steigen oft sofort auf, sobald dich der Hauch eines Geruchs aus deiner Kindheit berührt: das Parfüm, das deine Mutter benutzte; das Rasierwasser deines Vaters; dein Zuhause, dein Klassenzimmer. Wir sind fähig, einmal zu schnuppern und einen einzelnen Duft aus Tausenden, denen wir in unserer Vergangenheit begegnet sind, zu erkennen.

In einem Liter Luft kann ein Mensch die minimale Menge eines Vierhundertmilliardstels Gramm Äthylmercaptan riechen (die Essenz faulen Fleisches). Derselbe Mensch würde eine um sehr viel größere Menge essen müssen, um sie zu schmecken. Der Geruchssinn des Menschen ist über zehntausendmal feiner als der Geschmackssinn.

Die Nase kann auch ausgerichtet riechen. Die kleine Differenz der Geruchsreize zwischen beiden Nasenlöchern reicht aus, um die Richtung einer Geruchsquelle aufzuspüren. Die Nase des Menschen ist fünfmal feiner als die der Ratte, wenn es darum geht, Unterschiede in der Intensität eines Geruchs wahrzunehmen.

Einteilung der Duftstoffe

Seit dem achtzehnten Jahrhundert sind viele Versuche unternommen worden, um die Duftstoffe einzuteilen. Die meisten Wissenschaftler übernahmen die Vorstellung, es gebe sechs oder sieben Grundgerüche, nämlich ätherartige, kampferartige, moschusartige, blumige, minzenartige, stinkende und faulige. Diese Gerüche lassen sich räumlich in ein sogenanntes *Geruchsprisma* einordnen.

Eine solche Aufteilung legt die Existenz von Urgerüchen nahe. Mischungen von Duftstoffen jedoch belegen die Annahme nicht eindeutig, daß alle Gerüche durch diese oder jene Mischung einer Reihe von Grundgerüchen zusammengestellt werden können.

Manchmal führen Mischungen dazu, daß man sie als Einheit wahrnimmt, meistens jedoch kann man die Bestandteile eines zusammengesetzten Duftes unterscheiden.

Der *stereochemischen Geruchstheorie* zufolge besteht ein gewisser Zusammenhang zwischen dem Geruch eines Stoffes und der Form seiner Moleküle. Die Gerüche von Stoffen aber, die aus kleinen Molekülen bestehen, sind eher auf ihre chemischen Eigenschaften zurückzuführen. Zahlreich sind die Theorien, wie das Gehirn über die Nase Informationen aufnimmt und interpretiert. Die meisten lassen sich als chemisch belegte Theorien einordnen. Sie sagen aus, daß Moleküle oder Partikel von Duftstoffen, die die Flimmerhaare der Geruchsnerven berühren, absorbiert werden und so eine elektrochemische Veränderung in den Sinneszellen der Nase auslösen, die ihrerseits elektrische Impulse an das Gehirn weiterleiten.

Manche Wissenschaftler meinen, daß die Enzyme, d.h. die Kontaktstoffe des Körpers, irgendwie am Erkennen und Weiterleiten von Geruchsinformationen beteiligt sind. Andere vertreten die Theorie, daß , spezifische Geruchsmoleküle in spezifische Rezeptoren der Nase passen, genauso, wie ein runder Stöpsel in ein rundes Loch passt. Dr. John Amoore (vom *U.S.D.A. Western Regional Research Laboratory)* vertritt die Ansicht, es gebe mindestens dreißig Hauptgerüche. Genauso, wie wir die Hauptfarben blau und gelb verbinden, um grün daraus zu machen, verbinden wir diese Hauptgerüche miteinander, um die Myriaden Gerüche in unserer Umgebung zu erzeugen.

Dr. Amoore nimmt für sich in Anspruch, vier dieser Hauptgerüche isoliert zu haben, von denen drei (Isovaleriansäure, 1- Pyrrolin und Trimethylamin) *Pheromone* der Primaten und sogar des Menschen sein sollen. Der vierte (Isobutyraldehyd) kommt in einer Vielzahl von Speisen vor. Sein Malzgeruch zeigt wahrscheinlich das Vorkommen dreier unerläßlicher Aminosäuren an, die zu unserer täglichen Ernährung gehören. Die noch zu identifizierenden Hauptgerüche liefern wahrscheinlich Sinnesdaten im bezug auf Nahrung, Örtlichkeiten und Raubtiere. Am faszinierendsten sind wahrscheinlich die Pheromone, die sexuellen Duftstoffe, die von Lebewesen ausgehen.

Pheromone

«Pheromon» stammt aus einer griechischen Wortzusammensetzung, die wörtlich «Erregung übertragen» bedeutet. Sie wurde 1959 von deutschen Wissenschaftlern geprägt, um die sexuellen Anziehungsstoffe der Insekten zu beschreiben. Obschon man einst dachte, die Pheromone seien ein Sexuallockmittel der Insekten, haben neuere Forschungsergebnisse gezeigt, daß Duftstoffe auch zur Werbung bei Reptilien, Vögeln, Fischen und Säugetieren einschließlich der Primaten gehören. Zwischen einem Mann und einer Frau findet ein Austausch von kaum wahrnehmbarem *Duft-Winken* statt, sogar quer durch einen überfüllten Raum. Die Theorie der Existenz menschlicher Pheromone, über die immer noch diskutiert wird, hat mit der Entdeckung der apokrinen Drüsen Auftrieb erhalten.

Die apokrinen Drüsen sind enge Löcher an der Basis der Haarfollikel, die einen bisher noch nicht identifizierten chemischen Duftstoff erzeugen. Unsere Achsel- und Schamhaare sind dazu da, diesen Duft aufzusammeln. Wie bei allen anderen Säugetieren sind die apokrinen Drüsen beim Menschen bis zur Pubertät klein. Die Duftstoffe, die wir freisetzen, scheinen für jedes Individuum einzigartig zu sein. Obschon sie sehr flüchtig sind, kann diese Einzigartigkeit des Geruchs individuelle Vorlieben und die Paarbindung erklären.

Der Geruch von Trimethylamin ist in der organischen Chemie wohlbekannt; die Chemiker sagen, er rieche nach Fisch. Er entsteht durch bakterielle Einwirkung auf Betain, das manchmal die Kuhmilch färbt und in nicht gefrorenem totem Fisch am stärksten ist. Es gibt viele Hinweise darauf, daß das Trimethylamin ein wichtiger Sexualanziehungsstoff bei Säugetieren ist, wie auch ein Pheromon beim Menschen.

Der schwedische Botaniker Carl von Linné (Linnaeus) stellte 1756 fest, daß der Haushund den Geruch der Pflanze *Chenopodium vulvaria* ausnehmend liebte. Sie bekam ihren lateinischen Namen mit guten Grund – sie riecht nach menschlichem Menstruationsblut. Ihr Gewebe enthält große Mengen Trimethylamin. Es ist im menschlichen Menstruationsblut stark wahrnehmbar, und es ist eine wohlbekannte Tatsache, daß der Geruch menstruierender Tierweibchen viele Männchen in einen Zustand sexueller Erregung versetzt.

Das deutet darauf hin, daß Trimethylamin ein gemeinsames brunstanzeigendes Pheromon bei verschiedenen Säugetierarten sein könnte. Sexualpheromone werden von beiden Geschlechtern erzeugt. Unter den bisher bei Säugetieren identifizierten Pheromonen scheinen die männlichen Sexualpheromone vorwiegend aphrodisisch auf das Weibchen zu wirken, während die weiblichen Sexualpheromone offenbar ihre sexuelle Bereitschaft ankündigen.

Man mag über die Pheromon-Empfänglichkeit des Menschen streiten, es ist jedoch nachgewiesen worden, daß äußere chemische Boten – Gerüche – ins menschliche Unterbewußtsein eindringen. Innerhalb von Sekunden nach der Aufnahme eines unbemerkten Geruchsreizes nimmt der elektrische Hautwiderstand ab, und Veränderungen des Blutdrucks, Atemrhytmus und Pulses finden statt. Man nimmt an, daß flüchtige Chemikalien, die nicht unbedingt als Gerüche nachgewiesen werden, Veränderungen im Gehirn bewirken.

Geschichte

Vor über fünftausend Jahren brachten die Ägypter dem Sonnengott *Ra* eine Anzahl wohlriechender Duftstoffe als Brandopfer dar, wenn er seine tägliche Reise durch den Himmel tat. Die Ägypter benutzten auch Duftstoffe, um jene, die in hoher Gunst standen, zu salben und ihre Toten einzubalsamieren. Sie unterwiesen ihre Sklaven, die

Hebräer, in der Kunst der Duftstoffherstellung und hielten die Anwendung vieler aromatischer Substanzen in ihren heiligen Büchern fest. Als die Hebräer Ägypten verließen, nahmen sie das Wissen über die Macht der Düfte und die Rezepte zur Herstellung bestimmter Mischungen mit.

Im Jahr 1700 v. Chr. kamen die Ismaeliten mit ihren Kamelen aus Gilead, beladen mit einer Anzahl von Gewürzen und Gummiharzen, die in diesen Rezepten verwendet wurden. Viele werden heute noch in größeren Parfümindustrien verwendet. Auch die Königin von Saba benutzte Parfüm für ihre Eroberungen. Als sie Salomo um 800 v. Chr. besuchte, brachte sie ihm Duftstoffe und verführte ihn mit Erfolg, womit die Macht aromatischer Substanzen in eine weitere Reihe von Legenden einging.

Babylon, Ninive und Karthago wurden im 7. Jahrhundert v. Chr. zu großen Zentren der Parfümherstellung. Die Einwohner sammelten Aromastoffe aus Arabien (Gummiharze), Kampfer aus China und Zimt aus Indien. Diese wurden von den Phöniziern in die ganze Welt exportiert. Der Gebrauch von Duftstoffen erreichte seinen Höhepunkt 650 v. Chr, als der Herrscher Assurbanipal sich wie eine Frau kleidete und Kosmetika und Parfüms verwendete.

Die alten Griechen erlernten die Kunst der Parfümerie in asiatischen Ländern. Hippokrates, ihr berühmtester Arzt, entwarf eine Studie über die Haut und befürwortete nicht nur gesunde Lebensgewohnheiten, sondern auch besonders wohlriechende Bäder und Massagen. Er empfahl zudem bei bestimmten Krankheiten Parfüms als Arznei.

Rituelle Anwendung

Seit Urgedenken haben Parfüms und wohlriechende Kräuter eine wichtige Rolle sowohl in der Religion wie in der Sexualmagie gespielt. Exotische Düfte haben Männer wie Frauen bezaubert und verführt und gehören ins weitgefaßte Kapitel der *Alchimie der Duft-*

stoffe. Die Duftstoffkunde ist nur der äußere Schleier, während die inneren Geheimnisse sorgsam geheimgehalten wurden. Diese heilige Wissenschaft, auch Arkanwissenschaft der Parfüms genannt, gründet auf den Gesetzen der Schwingungen und psychosensorischen Reaktionen, die über lange geschichtliche Zeiträume hinweg beobachtet worden waren. Ein wahrhaft magisches Rezept wirkt ebenso auf das Unterbewußte wie auf das Bewußte, um eine spezifische vorbestimmte Reaktion auszulösen.

Besondere Rezepte rufen nicht nur eine bestimmte Reaktion hervor, sondern können auch das Bewußtsein bestimmten Bedingungen unterwerfen. Es ist eine wissenschaftliche Tatsache, daß wir alle bewußt und unbewußt auf die Schwingungen von Tönen, Farben und Gerüchen reagieren. Bestimmte Gerüche können körperliche oder emotionale Empfindungen und Reaktionen auslösen. Bestimmte Düfte stimulieren insbesondere die Sexualzentren.

Es ist diese Wissenschaft der psychosensorischen Reaktionen, die sich hinter allen wirklich magischen Formeln verbirgt. In ihrem Privatdruck *The Arts Magian* ordnet Lady Sara Cunningham-Carter all die verschiedenen Düfte, mit denen sexuelle Reaktionen verbunden sind, nach ihren Planetenherrschaften sowie nach ihren individuellen Schwingungen. Untersuchungen und Versuche haben denn auch zu interessanten Entdeckungen geführt.

Es gibt schon eine ganze Anzahl Öle, die nur gerade dem Planeten Venus (der Göttin der Liebe) zugeordnet sind. In ihrem Buch erwähnt sie die folgenden:

Adlerholzöl (Aquilaria agallocha). Wird gewöhnlich mit Moschus vermischt und verwendet, um Liebe anzuziehen.

Alpenbeifußöl (Artemisia vulgaris). Wird in Parfümmischungen verwendet und soll das sexuelle Verlangen wecken. Man sagt auch, es stelle die verlorene Sexualkraft wieder her.

Alpenrosenöl (Rhododendron ferrugineum). Wird seiner anziehenden Eigenschaften wegen zur Unterstützung in romantischen und ehelichen Angelegenheiten verwendet.

Ambrosienkrautöl (Chenopodium ambrosioides). Strahlt eine sehr sinnliche Schwingung aus und wird verwendet, um einen Liebhaber anzuziehen.

Balsambaumöl (Amyris balsamifera). wird in venusischen Riten als heiliges Salböl verwendet. Es wird auch als Hilfe zur Erinnerung vergangener Leben benutzt.

Bignonienöl (Bignonia suaveolens). Ein sexuell bezaubernder, äußerst sinnlicher und exotischer Duft.

Birkenrindenöl (Betula lenta). Wird gewöhnlich in Verbindung mit anderen Ölen verwendet, um Essenzen zu bilden, die mit Liebe und sexueller Anziehung einhergehen.

Cyclamenöl (N.O. Primulaceae). Ein zarter Duft, von dem man sagt, er erhalte die Liebe wahrhaft und harmonisch.

Irisöl (Iris florentina). Wird verwendet, um einen Menschen des anderen Geschlechts anzuziehen.

Kamelienöl (Camallia sasanqua). Ein zarter Duft, der einen nicht mehr losläßt und seine Trägerin unvergeßlich werden läßt.

Kardamomöl (Elettoria cardamomum). Eine sehr anziehende Essenz, die zur sexuellen Anziehung benutzt wird.

Korianderöl (Coriandrum sativum). Als anziehendes Öl verwendet, sagt man von ihm auch, es erhalte die Harmonie in einer Liebesbeziehung.

Laudanumöl (Cistus creticus L.). Ein leicht betäubender, sehr anziehender Duft.

Liebstöckelöl (Levisticum officinale). Man sagt, es verstärke die persönliche Ausstrahlung, und es wird wegen seiner anziehenden Wirkung getragen.

Mandelöl, bitter (Amygdala amara). Wird dank seiner harmonischen und magnetischen Schwingungen in Liebes- und Freundschaftsangelegenheiten verwendet.

Rosenöl (Rosa centifolia/Rosa damascena). Fördert Gedanken der Liebe und Zuneigung. Friedvolle und harmonische Schwingungen gehen von ihm aus. Man kann es auch als Salböl für Andachtsgegenstände verwenden.

Vanilleöl (Vanilla planifolia). Sehr besänftigend, wird es zur Heilung und in bestimmten Liebesparfüms verwendet.

Weißdornöl (Crataegus oxyacantha). Sehr besänftigend und beruhigend, und man sagt von ihm, es glätte Mißverständnisse; es ist ausgezeichnet für überempfindliche Menschen.

Heute bedienen wir uns der Nase, um eine ganze Reihe von Haltungen auszudrücken. Wenn wir unsere Nase in die Angelegenheiten anderer Leute stecken, mischen wir uns ein. Wenn wir unsere Nase in die Luft recken sind wir hochnäsig. Machen wir jemandem eine lange Nase, so machen wir uns über ihn lustig. Und, nicht zuletzt, wenn wir die Nase an eine andere Nase reiben, beweisen wir Zuneigung.

Der Gedanke, der im Augenblick des Höhepunktes gedacht wird, trifft ein!

Tantra

Formen des Yoga

Das Wort *Yoga* leitet sich aus der Sanskritwurzel *yog* ab, welches Vereinigung oder Berührung bedeutet. Es ist in der Tat die Wissenschaft der Vereinigung des menschlichen Wesens mit dem Göttlichen, das in ihm wohnt. Die verschiedenen großen mystischen Texte Indiens, etwa die Bhagavad Gita, erwähnen folgende großen Unterteilungen des Yoga.

Hatha Yoga

Ha bedeutet der Mond und *tha* die Sonne. Dies ist die Regulierung des Atems, um den Kreislauf von Prana oder Lebensessenz im physischen Körper zu verändern. Indem der Yogi sein Prana verändert, wirkt er auf sein psychisches Wesen ein, danach auf seinen Geist, der sich daraufhin verändert. Es ist somit ein Yoga *körperlicher Übungen* oder von Körperstellungen *(asanas)*. Es ist vorwiegend ein shivaitisches Yoga.

Raja Yoga

Das Raja Yoga, auch Königliches Yoga genannt, beginnt da, wo das Hatha Yoga aufhört. Es wirkt auf den Geist mit dem Ziel, den

Fluß des Prana zu lenken. Geistige Konzentration spielt eine wesentliche Rolle, und es ist vorwiegend ein vishnuitisches Yoga.

Bhakti Yoga

Dieses ist das Yoga der Hingabe, der Liebe zum Göttlichen und dem Guru, der dessen menschliche Form ist. Dieses Yoga ist eines der zugänglichsten für den westlichen Geist, der mit der christlichen Mystik vertraut ist.

Karma Yoga

Dieses ist auch als Yoga des Handelns bekannt und wird in eine Anzahl weiterer Yoga-Arten unterteilt. Es ist das Yoga der Pflicht, das ohne Anhaften, ohne Selbstsucht oder Eigennutz getan wird. Es ist die große Lehre, die Krishna in der Gita Arjuna erteilt, als der junge Prinz auf dem Schlachtfeld von Kurukshetra vor dem Kampf zaudert.

Jnana Yoga

Auch als Yoga des Wissens bekannt, entwickelt dieses die intellektuelle Erkenntnis des Göttlichen, die zu einer intuitiven Erkenntnis führt.

Dies sind willkürliche Unterteilungen. Viele der verschiedenen Yoga-Formen überlagern einander. Es ist wichtig, daß der Schüler einen Lehrer (oder Guru) hat, denn wenn er Yoga ohne Anleitung praktiziert, kann er leicht in eine Art psychischer Passivität verfallen, dem genauen Gegenteil der mystischen Yoga-Erfahrungen. Das Ziel des Lehrers ist es, die Übungen zu lenken und jeden Schüler individuell in die für ihn geeignete Methode einzuführen. Hier spielt der persönliche Faktor eine sehr große Rolle.

Tantra Yoga

Tantra ist eine spirituelle Methode oder ein Yoga, das sowohl die innere wie äußere Wirklichkeit berücksichtigt. Von den Wurzeln der Wörter *sich ausweiten, weben* oder *das Bewußtsein erweitern* abgeleitet, bezieht sich das Tantra auf ein Fortbestehen jenseits der physischen Ebene. Tantrische Lehren haben sich in Indien entwickelt und nach und nach in Nepal, Tibet, China, Japan, Thailand und Indonesien Verbreitung gefunden.

Diese Lehren werden in der heutigen Zeit des Materialismus und Narzißmus als besonders bedeutend erachtet, da alle menschlichen Aktivitäten als Werkzeuge auf dem tantrischen Weg zur Freiheit benutzt werden können. Tantras sind Texte, die spezifische Übungen umreißen. Diese Übungen sind ein Meditationsgefüge, welches die Erfahrung der höchsten Seligkeit in physischer und spiritueller Beziehung zum Ziel hat, indem die Gesamtheit des eigenen erotischen Potentials kultiviert wird.

Die alten Schriften, die die mystischen Lehren und rituellen Anweisungen des Tantrismus enthalten, heißen *tantras*. Knapp ausgedrückt lehren sie, daß irdische Wonnen aus der Vereinigung der Gegensätze entstehen und mit einem idealen Partner erreicht werden können. Eine solche Vereinigung soll ein Beispiel für die Harmonie der Schöpfung sein und ein Schritt zur Vollkommenheit hin (d.h. zur Vereinigung mit Gott). Die Macht der Liebe wird damit zum Mittelpunkt des ganzen Daseins.

Kama oder Verlangen ist ein schöpferisches Prinzip, das die Vollkommenheit des Lebens auf der Erde zum Ziel hat, genau wie die göttliche Liebe, die Krishna dem Hirtenmädchen Radha entgegenbrachte, die kosmischen Kräfte der Schöpfung in ihrer Einwirkung auf die Erde darstellte. Zu den tantrischen Meditationshilfen gehören Mantras, heilige Töne, die als Yantras visualisiert werden können, sowie Mandalas, Symbole der psychischen Ganzheit. Verschiedene Meditationen zur Erweckung der Kundalini wurden unter der *Rituellen Anwendung* bei einzelnen Pflanzen erwähnt (z.B.

Fo-ti-tieng, Iboga, Kawa-Kawa, Kalmus). Die erste Handlung, die im tantrischen Yoga erforderlich ist, ist die *Reinigung* der *nadis*, der höher entwickelten Nervenknotenpunkte im Körper. Diese Punkte hat man auch mit den Chakren in Verbindung gebracht, sie sind aber in Wirklichkeit wie *Leitungen* anzusehen, die die verschiedenen Chakren miteinander verbinden. Die Reinigung wird mit Hilfe besonderer Körperstellungen (asanas) und Atemübungen (pranayama) durchgeführt.

Der Geist wird darin geübt, sich auf einen Punkt oder ein Objekt zu konzentrieren, seien diese wirklich oder Vorstellungsbilder, damit er sich daran gewöhnt, ruhig zu bleiben und *die Form*, die der Wille des Yogi ihm zu auferlegen wünscht, vollkommen anzunehmen. Dieser geistige Prozeß ist die Konzentration *(dharana)*. Wenn der Geist sich mit der göttlichen Präsenz in jedem Wesen identifizieren kann, ist ein Zustand erreicht, den man *samadhi* nennt.

Kundalini ist ein Sanskrit-Wort für die normalerweise latente psycho-sexuelle Kraft, die, wenn sie erweckt wird, durch den zentralen Kanal des *feinstofflichen Körpers* aufsteigt. Die Wurzel *kunda* bezeichnet einen Teich oder ein Energiereservoir. Kundalini wird mit einer zusammengerollten Schlange verglichen, die jederzeit losschnellen kann. Wird diese Energie richtig gelenkt, so kann sie kosmisches Bewußtsein und Befreiung herbeiführen.

Sexualmagie

Die in tantrischen Texten beschriebene Alchimie ist oft unverständlich, und wenig läßt sich aus dem Jargon machen. Die geheime *Tür* läßt sich für den Uneingeweihten nicht ohne Schlüssel öffnen. Anstelle der Umwandlung niederer Metalle in Gold findet diese Alchimie vielmehr im Körper selbst statt. Sie ist ein hermetisches Destillat aus vorhandenen Körpersäften, wobei alle Werkzeuge und Utensilien, die der Alchimist braucht, vom Körper selbst geliefert werden.

Durch geeignete rituelle Bewegungen kann die eigene Grobstofflichkeit in jene feine Essenz verwandelt werden, die die körperliche Hülle stärkt. Durch eine Reihe von Ritualen bringt man den Körper zum *Glühen;* dies regt die übernatürlichen Fähigkeiten an und stellt die Verbindung zu allen Wesenheiten des Universums her. Dies setzt natürlich ein komplexes System feinstofflicher Anatomie und Physiologie voraus, das auf den Chakren oder dem Nervengeflecht des ätherischen Körpers beruht.

Jenem, der die niedere Energie zur höheren aufsteigen lassen kann, wird alle Macht versprochen, jedoch ist dies für den gewöhnlichen Sterblichen beinahe unmöglich. Eine außerordentliche Disziplin wird vorausgesetzt, eine Disziplin, die gewöhnlich jenseits der Fähigkeiten eines Durchschnittsmenschen liegen. Zwischen den Chakren besteht jedoch eine auf einer geheimen Wirkung beruhende Resonanz. Mittels tantrischer Übungen kann die Kundalini zum Auflodern durch alle Chakren gebracht werden, deren jedes sie entzündet, bis dieser Flammenstrom den Scheitel, das *sahasrara,* erreicht.

Im Kapitel über Iboga findet sich die Beschreibung eines vollständigen Sexualmagischen Rituals. Ein im allgemeinen in vielen tantrischen Sekten begangener Ritus ist als *chakra-puja* bekannt, was «kreisförmige Verehrung» bedeutet. Die Teilnehmer sitzen in einem Kreis, womit die vollkommene Gleichstellung zwischen den Anwesenden angedeutet wird. Die Geschlechter sitzen abwechselnd nebeneinander, Mann neben Frau, mit einem weiteren Paar in der Mitte des Kreises. Auf ein zeremonielles Mahl, das aus Wein, Fleisch, Fisch und Brot besteht, folgt der Ritus der sexuellen Vereinigung. Diese fünf Elemente stellen eine bestimmte grundlegende Ordnung dar, die mit den Elementen und den inneren Fähigkeiten des Körpers gleichgesetzt werden.

Der Wein versinnbildlicht das Feuer und den feinstofflichen Trank der Unsterblichkeit, den der Tantriker destillieren und trinken lernen muß. Das Fleisch steht für die Luft und die Körperfunktionen, die unter Kontrolle gebracht werden müssen. Der Fisch stellt das Wasser dar und die Techniken des sexuellen Okkultismus. Das Brot ist die Erde oder die natürliche Umgebung, die verstanden und beherrscht werden muß. Die sexuelle Vereinigung *(maithuna)* symbolisiert den Äther, die Quintessenz aller Elemente, und ist ein Mittel zum Endziel aller tantrischen Bemühungen. Durch sie erfährt man die letzte Wirklichkeit. Der sexuelle Akt in seiner gewöhnlichen, rohen Form mag gelegentlich zu einer flüchtigen Offenbarung der ewigen Wahrheit führen, dies ist jedoch eher selten, da die Dämpfe der Leidenschaft den Geist gewöhnlich benebeln. Sex als heiliges Ritual jedoch, ungetrübt von Leidenschaft, kann dir zur Erfahrung der letzten Einheit verhelfen. Der unverfälschte Ritus kann das Sein enthüllen, das Bewußtsein erweitern und zu wirklicher Seligkeit führen. Der Weg über die Lust *(bhukti)* kann zur Erlösung *(mukti)* führen. So gesehen ist Sex ein Weg zur Erlösung. Dies liegt dem Geheimnis des Tantra zugrunde.

Über die Durchführung des Rituals und der Zeremonie

In jedem rituellen Ablauf gibt es drei Phasen:

1 Loslösung vom weltlichen oder Alltagsleben,
2 Die Übergangsphase oder Dämmerzone, die dazwischen liegt,
3 Die neue Ordnung der Wirklichkeitswahrnehmung, die in der heiligen Zeit der Seele stattfindet.

Die dazwischenliegende oder Dämmerzone ermöglicht einen Zustand der Empfänglichkeit. Rituelle Handlungen wecken tiefe Schichten der Psyche und holen mythologische oder archetypische Vorstellungen ins Gedächtnis zurück. Magie ist (definitionsgemäß) der Übergang von der Passivität in die Aktivität, in der der Wille ausschlaggebend ist. Eine schizophrene Magie kann keine realistische Handlung auslösen; die Phantasie ist ein Ersatz für die Handlung, in der das Ego klein oder besser gar nicht mehr da sein sollte.

Das Ritual wird oft als Repräsentation eines Mythos angesehen. Der Mythos hat die Funktion eines Paradigmas oder Modells. Nach dieser Denkweise kann man die konstruierte Form eines Rituals als Darstellung eines Mythos ansehen, wie auch der Mythos als Quelle allen Handelns gelten kann. Der Mythos ist eigentlich der dynamische Ausdruck der motivierenden Kraft des im Innersten wohnenden Archetyps.

Das Ritual ist von Wert vor allem für die Seele. Man kann das Ritual als Nachahmung eines numinosen Elementes (oder eines Gottesbildes) im Leben des Aspiranten beschreiben. Das Ritual kann als äußere oder sichtbare Form der Verbindung gesehen werden oder als Manifestation einer nach innen gerichteten oder spirituellen Gnade. Es ist im wesentlichen ein metaphorischer Ausdruck der schöpferischen Vorstellungskraft. Das Symbol beginnt immer innen als eine Bewußtseinsform und wird nach außen projiziert. Magische Rituale enthalten Grundelemente, die ungefähr in der folgenden Abfolge eingehalten werden müssen:

1 Einen Kreis ziehen, um ein Arbeitsfeld abzustecken.
2 Eine Form der *Bannung*, um das Arbeitsfeld zu reinigen und Konzentration und Ausrichtung zu unterstützen.
3 Die Übung der *mittleren Säule*, um Licht hereinzubringen und die Libido oder magische Potenz aufzubauen. Das ist eine Hilfe bei der Visualisierung seines oder ihres feinstofflichen oder Lichtkörpers.
4 Invokation oder *Herbeirufen* des erwünschten Gottesbildes oder der Eigenschaften desselben in einem Versuch zur Selbst-Transformation.
5 Das Anreichern einer Eucharistie mit der Energie des Gottesbildes und deren Konsumierung als Manifestation des Gottes.
6 Meditative Phase.
7 Bannung, um den Aspiranten zum *normalen* Bewußtsein zurückzuführen.

Diese Schritte können erweitert werden und Zukunftsschau, Tanz, dramatische Szenarien oder magisch-sexuelle Handlungen einschließen. Angemessene Gesten jeder Art können eingefügt werden (wie Massage oder Mudras), jedoch sollte keiner dieser Grundschritte übergangen werden, da sonst die Seele Gefahr läuft, sich Zufallsmächten auszusetzen.

Der Sinn eines Rituals liegt in seinem Ausdruck als Kunstform. Die Teilnahme ist ein Ziel an sich. Die spirituelle Tragweite liegt in der Qualität, mit der das Ritual geleitet wird. Das Ritual als symbolische Handlung ist die Darstellung mythischer Muster aus reiner Freude an der Beziehung zu der archetypischen Dimension. Denk daran: *Im Vorhaben des Rituals liegt das Ziel an sich.* Somit ist aller Zielstrebigkeit ein Riegel vorgeschoben.

Für weitere Informationen über Tantrischen Yoga verweise ich auf *Das Große Buch des Tantra* von Nik Douglas und Penny Slinger, Basel 1985 und *Metaphysik des Sexus*, Stuttgart 1962.

Bibliographie

Anderson, M., and Savary, L., *Passages: A Guide for Pilgrims of the Mind*, New York 1973

Boer, C., *The Homeric Hymns*, Irving, TX 1979
Burton, Sir Richard, *The Hindu Art of Love*, New York 1967
Burton, Sir Richard, *The Perfumed Garden*, New York 1965

Caldwell, W., *Organic Chemistry*, Cambridge, MA 1943
Conway, D., *Magic, An Occult Primer*, New York 1973
Crow, W., *The Occult Properties of Herbs*, New York 1969
Crowley, A., *Magie in Theorie und Praxis*, Zürich 1982
Crowley, A., *Liber Aleph. Das Buch von Weisheit oder Torheit*, Waddeweitz 1986
Crowley, A., *Magick*, Waddeweitz 1985
Culling, L., *The Complete Magick Curriculum of the Secret Order G:.B:.G:.*, St. Paul, MN 1971
Culling, L., *A Manual of Sex Magick*, St. Paul, MN 1971
Cunningham-Carter, Lady Sara, *The Arts Magian*, Oregon 1974
Cutting, W., *Handbook of Pharmacology*, New York 1972

Douglas, N., und Slinger, P., *Das große Buch des Tantra*, Basel 1985

Emboden, W., *Narcotic Plants*, New York 1972
Evola, J., *Metaphysik des Sexus*, Stuttgart 1962

Farrar, S., *What Witches Do*, New York 1971
Fast, J., *Körpersprache*, Reinbek 1976
Frascone, J. and David, M., *Aphrodisiac Cook Book*, Dallas, TX 1975

Fulder, S., *Das Tao der Medizin,* Basel 1985

Gaynor, F., *Dictionary of Mysticism,* New York 1968
Gottlieb, A., *Sex Drugs and Aphrodisiacs,* San Francisco, CA 1974
Gregersen, C., *Sexual Practices, The Story of Human Sexuality,* New York 1983

Haich, E., *Sexuelle Kraft und Yoga,* Engelberg/München 1984
Hansen, H., *Der Hexengarten,* München 1983
Heffern, R., *The Complete Book of Ginseng,* Millbrae, CA 1976
Hendrickson, R., *Lewd Food,* Radnor, PA 1974
Hopson, J., *Scent Signals, the Silent Language of Sex,* New York 1979

Jeanyne, *Magicks and Ceremonyes,* New York 1972

Liebowitz, M., *The Chemistry of Love,* Boston 1983
Lind, S. and Savary, L., *The Sleep Book,* New York 1974

Mann, J. (ed), *The First Book of Sacraments,* San Francisco, CA 1972
Maple, E., *The Magic of Perfume,* New York 1973
Maraini, F., *Nippon - Welten und Menschen in Japan,* Zürich 1958
Masters, R., *Eros and Evil: The Sexual Psychopathology of Witchcraft,* New York 1966
Metzner, R., *Know Your Type,* Garden City, NY 1979
Miller, R., *The Magical and Ritual Use of Herbs,* New York 1983
Miller, R., *Magical Mushroom Handbook,* Seattle, WA 1977
Morrison, S., *The Modern Witch's Spellbook,* New York 1971
Mumford, J., *Tantrische Sexualmagie,* Basel 1984
Mumford, J., *Psychosomatischer Yoga,* Basel 1982

Ott, J., *Hallucinogenic Plants of North America,* Berkeley, CA 1976

Pratt, R., and Youngken, H., *Pharmacognosy,* London 1951

Regardie, I., *The Tree of Life,* New York 1969
Riva, A., *The Modern Herbal Spellbook,* Toluca Lake, CA 1974
Rivière, J., *Tantrik Yoga,* New York 1970
de Ropp, R., *Sex Energy,* New York 1969

Schulte, R., and Hofmann, A., *The Botany and Chemistry of Hallucinogens,* Springfield, IL 1973
Shalleck, J., *Tea,* New York 1971
Stark, R., *Aphrodisiaka und ihre Wirkung,* München 1984
Stone, P., *Pantheon: Archetypal Gods in Daily Living,* (unpublished) 1984

Stone, P., *The Holistic Qabalah: A Practical Guide to Contemporary Magick, 12 Volumes,* (unpublished) 1984
Superweed, M.J., *Herbal Aphrodisiacs,* San Francisco, CA 1971
Superweed, M.J., *Herbal Highs,* San Francisco, CA 1971

Tambimuttu, *India Love Poems,* Mt. Vernon, NY 1967
Twentieth Century Alchemist, *Legal Highs,* San Francisco, CA 1973

Ukers, W., *The Romance of Tea,* New York 1936

Veninga, L., *The Ginseng Book,* Santa Cruz, CA 1973

Walton, A., *Aphrodisiacs,* New York 1958
Wedeck, H., *Treasury of Witchcraft,* New York 1961
Weil, A., and Winfred, R., *Chocolate to Morphine, Understanding Mind-Active Drugs,* Boston, MA 1983
Whitman, W., *Grashalme,* Zürich 1985
Winter, R., *The Smell Book: Scents, Sex, and Society,* Philadelphia, PA 1976

Allgemeines Register

Chemisch-medizinisches Sachregister